公路隧道施工与安全技术研究

主　编：吴大勇　赵战丰　王　栋
副主编：陈现立　鲍远君　杨志威　罗朋军

北京工业大学出版社

图书在版编目（CIP）数据

公路隧道施工与安全技术研究 / 吴大勇， 赵战丰，
王栋主编． — 北京 ：北京工业大学出版社， 2021.4
ISBN 978-7-5639-7908-0

Ⅰ．①公… Ⅱ．①吴… ②赵… ③王… Ⅲ．①公路隧
道—隧道工程—工程施工—安全管理 Ⅳ．①U459.2

中国版本图书馆 CIP 数据核字（2021）第 081798 号

公路隧道施工与安全技术研究
GONGLU SUIDAO SHIGONG YU ANQUAN JISHU YANJIU

主　　编： 吴大勇　赵战丰　王　栋
责任编辑： 刘　蕊
封面设计： 知更壹点
出版发行： 北京工业大学出版社
（北京市朝阳区平乐园 100 号　邮编：100124）
010-67391722（传真）　bgdcbs@sina.com
经销单位： 全国各地新华书店
承印单位： 北京亚吉飞数码科技有限公司
开　　本： 710 毫米 ×1000 毫米　1/16
印　　张： 10.75
字　　数： 215 千字
版　　次： 2022 年 7 月第 1 版
印　　次： 2022 年 7 月第 1 次印刷
标准书号： ISBN 978-7-5639-7908-0
定　　价： 60.00 元

版权所有　　翻印必究

（如发现印装质量问题，请寄本社发行部调换 010-67391106）

主编简介

吴大勇，生于1979年7月，辽宁开原人，毕业于中国科学院大学，硕士学历，现为中信建设有限责任公司临清高速公路项目总工程师，高级工程师。主要研究方向为隧道与地下工程。获北京市优秀测绘地理信息工程奖二等奖二项，三等奖一项；获国家优秀测绘工程奖铜奖二项；获发明专利三项，实用新型专利三项；发表北大核心期刊论文2篇，其他科技核心期刊论文5篇。

赵战丰，生于1970年10月，山西运城人，毕业于西南交通大学，本科学历，现为中信建设有限责任公司临清高速公路项目总经理，高级工程师。主要研究方向为隧道工程。

王栋，生于1983年10月，山东滨州人，毕业于石家庄铁道学院（现为石家庄铁道大学），本科学历，现为中信建设有限责任公司临清高速公路LQTJ2-2合同段项目部经理，高级工程师。主要研究方向为隧道工程。

前　言

随着我国公路建设事业的不断发展和机械化水平的不断提高，我们可以通过接通公路来改善原先交通闭塞地方的交通条件。为了所在地公路建设的顺利进行，我们通常会建设一些必要的建筑——隧道，这些公路隧道使得原先无法开通公路的地方能够实现车辆的正常往来，促进沿线地区资源开发和经济社会协调发展，对我国社会经济发展具有重要意义。

全书共六章。第一章为绪论，主要阐述了公路隧道的特点、公路隧道的分类及组成、公路隧道施工安全风险、我国公路隧道建设的发展等内容；第二章为公路隧道的结构构造，主要阐述了公路隧道建筑限界及内部轮廓、公路隧道衬砌材料与构造、明洞、公路隧道防水及排水系统、公路隧道内附属构造物等内容；第三章为公路隧道的施工准备，主要阐述了隧道施工前的准备工作、公路隧道施工组织设计的编制、公路隧道施工的方法及选择等内容；第四章为公路隧道的施工技术，主要阐述了盾构法隧道施工技术、沉管法隧道施工技术、顶管法隧道施工技术、浅埋法隧道施工技术等内容；第五章为公路隧道施工组织设计与管控，主要阐述了公路隧道的施工组织设计、公路隧道施工管理与控制等内容；第六章为公路隧道施工安全技术，主要阐述了洞口工程施工安全技术、新奥法施工安全技术、隧道防排水施工安全技术、二次衬砌施工安全技术、路面及附属工程安全技术、富水破碎围岩施工技术、隧道围岩大变形控制技术等内容。

全书由吴大勇（中信建设有限责任公司）统稿，担任第一主编，并负责编写第一章、第三章、第五章，共计10万字；赵战丰（中信建设有限责任公司）担任第二主编，并负责编写第四章、第六章，共计6万字；王栋（中信建设有限责任公司）担任第三主编，并负责编写第二章，共计4万字。

为了确保研究内容的丰富性和多样性，编者在编写本书过程中参考了大量研究文献，在此向涉及的专家、学者表示衷心的感谢。

最后，由于编者水平有限，加之时间仓促，书中难免存在一些疏漏，在此，恳请读者朋友批评指正！

目 录

第一章　绪论

改革开放40多年来，我国经济飞速发展，公路隧道建设也随之迅猛发展，这在公路网络发展中发挥了极其重要的作用。进入21世纪以来，我国综合国力飞速提升，高速公路隧道累计数量不断攀升，本章主要分为公路隧道的特点，公路隧道的分类及组成，公路隧道施工安全风险以及我国公路隧道建设的发展四部分内容，主要讲述了公路隧道的分类、公路隧道的组成、公路隧道安全施工现状、公路隧道施工安全风险原因、公路隧道施工安全风险控制措施等内容。

第一节　公路隧道的特点

一、断面面积大

一般而言，公路隧道的断面比铁路隧道、水工隧洞大，双车道公路隧道的断面可达80 m^2。公路隧道围岩受扰动的范围较大，对围岩体的不利切割越来越多，围岩的拉伸区和塑性区增大，使施工难度增大。若公路隧道位于土层或软弱岩体中，施工难度较大，施工时常采用特殊施工方法。

二、断面形状扁平

隧道设计与施工的基本要求是在满足使用功能和施工安全的前提下，尽量降低工程造价。因为公路隧道的建筑限界基本上是宽大于高的截角矩形断面，所以公路隧道的断面、衬砌结构的设计都是在保证施工安全和结构长期稳定的前提下，尽量围绕建筑边界来设计开挖断面和净断面。

扁平断面受力性能较差，易发生拱顶围岩拉伸现象。在施工过程中，由于岩土等天然材料的抗拉强度较低，隧道顶部易发生塌陷，危及人身安全。

三、防水要求高

在公路隧道中，若隧道内发生渗漏或路面溢水，将导致路面湿滑，不利于行车安全。尤其在严寒地区，冬季隧道渗漏水会在路面形成冰湖，诱发交通事故。从目前高速公路隧道的发展来看，对防水工程的要求将不断提高。

四、营运通风要求高

机动车通过隧道时，会不断地向隧道内排放尾气。尤其是长距离隧道和专用线，应采用合适的通风方式，把新鲜空气随气流送到隧道内，淡化有害气体，使浓度降到安全指标以内。

五、运营照明设备要合理

高速行驶的车辆在白天驶过隧道时，要经历一个“亮—暗—亮”的变化过程，驾驶员的视觉也会在这个过程中发生细微的变化来适应这种环境。为缓解车辆通过隧道时驾驶员的生理和心理压力，消除车辆进入隧道时的黑框效应和黑洞效应，消除隧道的眩光现象，一般高等级公路上的隧道都应根据具体情况，合理、有效地设置照明设备。

第二节　公路隧道的分类及组成

一、公路隧道概述

公路没有铁路那么严格的限速和最小曲线半径。因此，以前山区公路为了节约工程成本，往往宁愿绕行，多留些距离，而不愿建昂贵的隧道。所以，以前的隧道很少。但随着社会生产的发展，高速公路逐年增加。建设方案要求线路平缓，路面宽敞，因此，在穿越山区时，经常采用隧道方案。另外，在市区附近，隧道方案也经常被采用，以避免平面交叉，有利于高速行驶。此类隧道对改善公路技术状况、提高运输能力起到了很好的作用。

二、公路隧道的分类

按照隧道所处的地质条件分类，公路隧道分为土质隧道和石质隧道。按照隧道的长度分类，公路隧道分为短隧道（铁路隧道规定：$L \leq 500$ m；公路隧道规定：$L \leq 500$ m）、中长隧道（铁路隧道规定：$500 < L \leq 3000$ m；公路隧道规定$500 < L < 1000$ m）、长隧道（铁路隧道规定：$3000 < L \leq 10000$ m；公路隧道规定$1000 < L \leq 3000$ m）和特长隧道（铁路隧道规定：$L > 10000$ m；公路隧道规定：$L > 3000$ m）。按照国际隧道协会（ITA）定义的隧道的横断面积的大小划分标准分类，公路隧道分为极小断面隧道（2～3m^2）、小断面隧道（3～10 m^2）、中等断面隧道（10～50 m^2）、大断面隧道（50～100 m^2）和特大断面隧道（大于100 m^2）。按照隧道所在的位置分类，公路隧道分为山岭隧道、水底隧道和城市隧道。按照隧道埋置的深度分类：分为浅埋隧道和深埋隧道。按照隧道的用途分类，公路隧道分为交通隧道、水工隧道、市政隧道和矿山隧道。

三、公路隧道的组成

公路隧道的主体建筑物一般由洞身、衬砌和洞门组成，在洞口容易坍塌的地段，一般还加建明洞。隧道的附属构筑物有防水和排水设施、通风和照明设施、交通信号设施以及应急设施等。公路隧道设计通常先进行方案设计，然后进行隧道的平面和纵断面、净空、衬砌等具体设计。

（一）隧道洞门

隧道两端的出入口都要修建洞门。洞门的作用是保持洞口仰坡和路堑边坡的稳定，汇集和排除地面水流，保护洞门附近岩（土）体的稳定和使车辆不受崩塌、落石等的威胁，确保行车安全。洞门是隧道的咽喉，也是隧道外露部分，在保障安全的同时，还应根据实际情况，选择适合的洞门形式，并应适当进行洞门美化和环境美化。洞门形式应实用、经济、美观、醒目；洞门墙应根据实际情况设置伸缩缝、沉降缝和汇水孔；洞门墙的厚度可按计算或结合其他建成隧道洞门工程类比法确定；洞门墙基础必须埋置在稳固地基上，应视地形及地质条件，埋置足够的深度，保证洞门的稳定性。基底埋入土质地基的深度应不小于1 m，嵌入岩石地基的深度应不小于0.5 m，冻胀土层基底应设在冻结线以下不小于0.25 m，墙基底埋设的深度应大于边墙各种沟、槽、管道基底埋设的深度。

山岭公路隧道、水底公路隧道与城市道路隧道等的洞门构造型式各有特点。山岭公路隧道洞门形式主要有环框式洞门、翼墙式洞口、柱式洞门及台阶式洞门。水底公路隧道的洞门通常与附属建筑物（如通风站，供、蓄、发电间，管理所，监控室等）结合在一起修建。城市道路隧道的交通量比较大，对洞门建筑艺术的要求比较高。当洞口的山体岩（土）体有滚落碎石块可能时，一般应接长明洞，以减少对仰坡、边坡的扰动，使洞门墙离开仰坡底部一段距离，确保落石不会滚落在行车道上。

1.洞门的作用

（1）减少洞口土石方开挖量

洞口段范围内的路堑是依照地质条件以一定的边坡坡率开挖的，当隧道埋深较大时，开挖量就很大。设置的隧道洞门，可以起到挡土墙的作用，能够减少土石开挖量。

（2）稳定边坡、仰坡

由于边坡上的岩体不断受到风化，坡面松石极易脱落滚下。边坡太高，难于自身稳定，仰坡上的石块也会沿着坡面向下滚落。有时会堵塞洞口，甚至砸坏线路轨道，对行车造成威胁。设置洞门就可以减小引线路堑的边坡高度，缩小正面仰坡的坡面长度，从而使边坡及仰坡得以稳定。

（3）引离地表流水

地表流水往往汇集在洞口，如不予以排除，将会漫及线路，危及行车安全，修建洞门，可以把流水引入侧沟，保证了洞口的正常干燥状态。

（4）装饰洞口

洞口是隧道唯一的外露部分，是隧道正面，修建洞门也可以算是一种装饰。在城市附近、风景区的隧道，尤其应当配合当地的环境，予以艺术处理。

2.洞门的形式

由于隧道洞口所处的地形、地质条件不同，洞门形式也有所不同，主要有如下几种：

（1）环框式洞门

当洞口石质坚硬稳定（Ⅰ～Ⅱ级围岩），且地形陡峻无排水要求时，可仅修建洞口环框以起到加固洞口和减少洞口雨后滴水的作用。

当隧道洞口岩层坚硬、整体性好、节理不发育，且不宜风化，路堑开挖后仰坡极为稳定，又无较大的排水量要求时，可采用环框式洞门。它适用于I级围岩。环框与洞口衬砌可用混凝土整体灌筑。

当洞口为松软的堆积层时，通常应避免大刷仰、边坡，一般宜采用接长明洞，恢复原地形地貌的办法。此时，仍可采用洞口环框，但环框坡面较平缓，一般与自然地形坡度相一致。环框两翼与翼墙一样能起到保护路堑边坡的作用。环框四周应恢复自然植被原状，或重新栽植根系发达的树木等，以使仰、边坡稳定。在引道两侧如果具备条件可以栽植高大乔木，形成林荫大道，这样的总体绿化，对洞外减光十分有益，是一个值得推荐的好方法。不过环框上方及两侧仍应设置排水沟渠，以排除地表水，防止漫流。倾斜的环框还有利于向洞内散射自然光，增加入口段的亮度。

（2）端墙式洞门

端墙式（一字式）洞门是最常见的洞门。它适用于地形开阔、石质较稳定（Ⅱ～Ⅲ级围岩）的地区，由端墙和洞门顶排水沟组成。端墙的作用是抵抗山体纵向推力及支持洞口上方的仰坡，保持其稳定。洞门顶水沟可以用来将仰坡流下来的地表水汇集后排走。

（3）翼墙式洞门

当洞口地质较差（Ⅳ级及以上围岩），山体纵向推力较大时，可以在端墙式洞门的单侧或双侧设置翼墙。翼墙在正面可以起到抵抗山体纵向推力、增加洞门的抗滑及抗倾覆能力的作用；两侧面保护路堑边坡可以起挡土墙的作用；翼墙顶面与仰坡的延长面应相一致，其上应设置水沟，可以将洞门顶水沟汇集的地表水引至路堑侧沟内排走。

（4）柱式洞门

当地形较陡（Ⅳ级围岩），仰坡有下滑的可能性，又受地形或地质条件限制，不能设置翼墙时，可在端墙中部设置2个（或4个）断面较大的柱墩，以增加端墙的稳定性。柱式洞门比较美观，适用于城市附近、风景区或长大隧道的洞口。

（5）台阶式洞门

当洞门位于傍山侧坡地区，洞门一侧边仰坡较高时，为了提高靠山侧仰坡起坡点，减少仰坡高度，可将端墙顶部改为逐级升高的台阶形式，这样既能适应地形的特点，又能减少洞门圬工及仰坡开挖数量，还能起到一定的美化作用。

（6）斜交式洞门

当隧道洞口线路与地面等高线斜交时，为了缩短隧道长度，减少挖方数量，可采用平行于等高线与线路呈斜交的洞口（洞门与线路中线的交角不应小于45°）。一般斜交式洞门与衬砌斜口段应整体灌筑。由于斜交式洞门及衬砌斜口段的受力复杂，施工也不方便，所以只有在十分必要时才采用这种形式。

（7）喇叭口式洞门

高速铁路隧道，为减缓高速列车的空气动力学效应，在单线隧道洞一般设喇叭口洞口缓冲段，同时兼作隧道洞门。由于隧道洞口段受力复杂，除了受横向的垂直及水平荷载外还受纵向的推力，所以《铁路隧道设计规范》（TB 10003—2016）规定：单线铁路隧道洞口应设置不小于5 m长的模筑混凝土加强衬砌，双线和多线隧道应适当加长。洞门宜与洞身整体砌筑。

综上所述，洞门的形式较多，洞门形式的选择应根据洞口的地形、地质条件，隧道长度和所处的位置等而定，特别要注意洞口施工后地形改变的特点。

（二）洞身衬砌

在隧道及地下工程中，支护结构通常分为初期支护（一次支护）和永久支护（二次支护、二次衬砌）。初期支护是为了保证施工的安全、加固岩体和阻止围岩的坍塌而设置的支护措施，常用的形式有型钢拱架支撑格栅钢拱架支撑、锚喷支护等。二次支护是为了保证隧道使用的净空和结构的安全而设置的永久性衬砌结构。常用的永久衬砌形式有整体衬砌、复合式衬砌、拼装衬砌及喷锚衬砌四种，这里主要简介目前常用的喷锚衬砌和复合式衬砌。

1.喷锚衬砌

喷锚衬砌是喷混凝土支护、喷混凝土+锚杆支护、喷混凝土+锚杆+钢筋网支护、喷混凝土+锚杆+钢筋网+钢架支护的统称，它是一种加固围岩，控制围岩变形，能充分利用和发挥围岩自承能力的支护衬砌形式。喷锚衬砌使围岩成为支护体系的组成部分（可通过对围岩和支护结构的量测、监控来指导隧道工程的设计和施工方法），喷射混凝土厚度为5～30 cm。喷锚衬砌具有支护及时、柔性、紧贴围岩、与围岩共同变形等特点，在受力条件上比整体式衬砌优越，对加快施工进度，节约劳动力及原材料，降低工程成本等效果显著，能保证围岩的长期稳定。但是，在围岩自稳能力较差的Ⅳ～Ⅵ级围岩中，由于喷锚衬砌刚度较小，并且在稳定性和防止水侵蚀方面经验不多，材料及施工工艺还有待进一步提高，因此，在Ⅳ～Ⅵ级围岩中不宜单独采用喷锚支护作永久衬砌。锚喷支护较少用于隧道的永久衬砌，多用在隧道开挖的初期支护。

喷锚衬砌外轮廓线除考虑锚喷变形量外宜再预留20 cm。其理由是：锚喷支护作为永久衬砌目前在设计和施工方面都经验不足，需要完善的地方还很多，尤其是公路部门，这样的施工实例还不多；锚喷支护作为柔性支护结构，厚度较薄，变形量较大，预留变形量要能保证以后有可能进行补强和达到应有的补强厚度而留有余地；另外，还应考虑到当锚喷衬砌改为复合衬砌时，要能保证复合衬砌的二次衬砌最小厚度达到20 cm。

采用锚喷衬砌后，内表面不太平整顺直，美观性差，影响司机在行车中的视觉感观。在高等级道路或城镇及附近的隧道，应根据需要考虑内装，以消除上述缺点，除此之外，也便于照明、通风设备的安装，以提高洞内照明、防水、通风、视线诱导等的效果。

在某些不良地质、大面积涌水地段和特殊地段不宜采用锚喷衬砌作为永久衬砌。大面积涌水地段，喷射混凝土很难成形，且即便成形，其强度及与围岩的黏结力仍无法保证；锚杆与围岩的黏结或锚固力也极难保证，难以发挥锚喷支护应有的作用。膨胀性围岩和不良地质围岩，如黏土质胶结的砂岩、粉砂岩、泥砂岩、泥岩等软岩，开挖后极易风化、潮解，遇水极易泥化、软化、膨胀，造成大的围岩压力，稳定性极差，甚至流坍。堆积层、破碎带等不良地质往往有水，施工时缺乏足够的自稳能力和稳定时间。这样，锚杆无法同膨胀性围岩和有水堆积层、破碎带形成可靠的黏结，喷射混凝土与围岩面也很难形成良好的粘贴。因此，锚喷支护难以阻止围岩的迅速变形，也难以形成可靠、稳定的承载圈。

不宜采用锚喷支护作为永久衬砌的情况还包括：对衬砌有特殊要求的隧道或地段，如洞口地段；辅助坑道或其他隧道与主隧道的连接处及附近地段；有很高防水要求的隧道；围岩及覆盖太薄，且其上已有建筑物，不能沉落或拆除者；寒冷和严寒地区有冻害的地方；等等。

2.复合式衬砌

复合式衬砌是指型钢拱架或格栅拱架、锚杆、初期喷射混凝土、二衬混凝土组成的一种组合支护结构。目前隧道工程常采用这种复合衬砌形式，其设计及施工工艺与其相应的衬砌及围岩受力状态均较合理；施工质量可靠，能够达到较好的防水要求；也便于采用喷锚、钢支撑等工艺。它既能够充分发挥喷锚支护的优点，又能发挥二次衬砌永久支护的可靠作用。初期支护的作用是控制围岩在施工期间的有害变形，达到围岩的暂时稳定；二次支护的作用则是提供结构的安全储备或承受后期围岩压力。

复合衬砌的设计，目前以工程类比为主、理论验算为辅，结合施工现场监控取得数据，不断修改和完善设计。复合衬砌设计和施工密切相关，应通过量测及时掌握围岩和支护的形变和应力状态，以便最大限度发挥由围岩和支护组成的承载结构的自承能力，并根据量测数据，判断衬砌断面的闭合时间，保证施工期安全。

在确定开挖尺寸时，应预留必要的初期支护变形量，以保证初期支护稳定后，二次衬砌的必要厚度。当围岩呈“塑性”时，变形量是比较大的。由于预先设定的变形量与初期支护稳定后的实际变形量往往有差距，故应经常量测校正，使延续衬砌段预留变形量更符合围岩及支护变形实际。

3.整体式衬砌

整体式衬砌是传统的衬砌结构形式，在新奥法问世前，广泛用于隧道工程中。该方法不考虑围岩的承载作用，主要通过衬砌的结构刚度抵御地层的变形，承受围岩压力。整体式衬砌截面可采用等截面或变截面，设仰拱地段采用曲墙式边墙，仰拱宜与拱圈厚度相同；分别在明洞衬砌与洞内衬砌交界处和在洞内软硬地层交界处以及Ⅴ级、Ⅵ级围岩中，每30～80 m应设沉降缝一道；严寒与酷热温差变化大的地区，距洞口100～200 m范围的衬砌段应设伸缩缝（沉降缝、伸缩缝可兼作整体式衬砌的施工缝）。在有明显偏压地段，宜采用钢筋混凝土整体式结构作为抗偏压衬砌。

（三）明洞

洞顶覆盖层较薄，难以用暗挖法修建隧道时，或隧道洞口或路线通过不良地质地段，如路堑边坡可能发生塌方、中小滑坡、落石、雪害或泥石流等危害的地段，或道路之间形成立体交叉，但又不宜做立交桥时，为保证隧道进出口安全可在两端接长明洞，或在路堑边坡不稳定地段修建独立明洞。以明挖法施工修建的隧道，或在露天修建而有回填土予以遮盖的衬砌结构，称为明洞。

公路隧道中明洞的结构类型，一般分为拱式明洞、箱形明洞和棚式明洞三类。选择明洞的结构类型应根据地形、地质、安全与稳定性、经济实用以及施工条件等因素分析确定，现分别概述如下。

1.拱式明洞

当边坡塌方数量较大，落石较多，基础条件较好时，宜采用拱形明洞。拱形明洞整体性好，能承受较大的垂直压力和侧压力。其形式有以下四种：路堑对称形明洞、路堑偏压形明洞、半路堑偏压明洞及半路堑单压形明洞。

路堑对称形拱式明洞受力对称，因此，结构也对称。路堑偏压形明洞适用于两侧山坡高差较大的路堑，高侧边坡有坍塌，落石或泥石流；低侧边坡明洞墙顶以下部分为挖方，且能满足外侧边墙嵌入基岩需求的地段。半路堑偏压形明洞适用于半路堑靠山侧边坡较高，有坍塌、落石或泥石流等不良地质现象，而外侧地面较为宽敞和稳定，上部填土坡面线能与地面相交以平衡山侧压力的地段。半路堑单压形明洞适用于靠山侧边坡或原山坡有坍塌、落石等情况，外侧地形陡峻无法填土地段。它主要承受回填土石和塌方落石的单侧压力作用。为此，拱圈常采用钢筋混凝土结构，且外墙尺寸较厚，一般为3～5 m，因受力不对称，则结构亦不对称。为了节约圬工数量，通常在浆砌片石外墙上每3～4 m，开设一个洞孔。明洞采用外贴式防水层，确保防水质量。

当采用偏压拱形明洞时，要特别注意处理好外墙基础，以防止因外墙下沉而引起拱圈开裂。故外墙必须设置于稳固地基上，如有困难，则可用桩基（或加深基础）及加固地基等方法进行处理。

当拱式明洞的内外墙身用混凝土结构、拱顶用钢筋混凝土结构时，其整体性较好，能承受较大的垂直压力和单向侧压力。必要时还应加设仰拱。通常，用作洞口接长衬砌的明洞，多选用拱式明洞。

2.箱形明洞

在明洞净高、建筑高度受到限制、地基软弱的地方，可采用箱形明洞。方形刚构明洞为全部用钢筋混凝土制成的方形整体明洞。若右侧岩层顺层滑动，则可利用上部回填土石的压力及底层的弹性抗力来平衡侧向岩层滑动的推力，并传于左侧岩层上。回填土高度应根据两侧岩层滑动力的大小决定。超挖回填片石的强度不低于该处岩石的抗压强度。

3.棚式明洞

当线路外侧地基承载力不足，且受地形条件限制，难以修建拱式明洞时，可采用棚式明洞，棚式明洞由顶盖和内外边墙组成。顶盖通常为钢筋混凝土梁式结构（板梁或T形横梁），内边墙一般采用重力式结构，并应置于基岩或稳固的地基与基础上。当岩层坚实完整，干燥无水或少水时，为减少开挖和节约圬工，可采用锚杆式内边墙。外边墙可以采用墙式、刚架式、柱式结构，但耗用钢筋较多。当山坡较陡，坡面有少量落石，且外侧地基不良或不宜设基础时，还可采用悬臂式棚洞，但悬臂式棚洞由于结构不对称，抗震性能差，施工要求较高，选用时应慎重。

4.明洞的拟建原则

（1）核查地形、地貌和水文情况

在拟建明洞的地方，应详细调查该地址的地形地貌、地质和水文地质情况。在有可能发生大滑坡和有大量坍方的地方不宜修明洞。

（2）地基与基础处理

明洞所在位置，通常地形、地质条件比较复杂，明洞基础条件差，所以修建明洞时，为确保结构的安全与稳定，应当慎重处理地基与基础。

①明洞边墙基础应放置在稳固的岩层上，在特殊困难的地质条件下，边墙基础可放在坚硬的土壤上，但其埋置深度应在距冻结线25 cm以下，并应在地基

上或明洞建筑结构上加以特殊处理，还应对边墙和拱圈进行计算和验算；

②在明洞边墙基础下遇有地下水较多时，应将地下水妥善地引离边墙基础；

③明洞回填土的厚度必须足以缓和边坡上石块下坠之冲击力（考虑此项冲击力的影响，洞顶填土高度一般不宜小于2 m）；

④明洞处边墙基础埋置深度超过路面以下3 m时，宜在路面以下设置钢筋混凝土横向水平拉杆，锚固于内边墙基础或岩体中，或采用锚杆锚固于稳定的岩体中。

（3）明洞结构形式选定

通常应对明洞的地形、地质条件、荷载分布情况、营运安全、施工方难易等进行具体分析，以确定明洞的结构形式。

第三节　公路隧道施工安全风险

一、公路隧道安全施工现状

众所周知，公路隧道工程具有施工周期长、环境影响大、不可预见风险因素多、施工技术复杂、投资巨大等特点，再加上公路隧道相比其他隧道具有断面更大、形状扁平等不利因素，因此公路隧道是一项高风险的建设工程。

近年来，随着经济的发展和科技的进步，公路隧道的施工安全技术也在不断进步，现阶段公路隧道的施工安全技术包括：洞口工程施工安全技术、洞身开挖中新奥法施工安全技术、隧道防排水施工安全技术、二次衬砌施工安全技术、路面及附属工程安全技术、富水破碎围岩施工技术和隧道大变形控制技术等。

现阶段的隧道施工安全技术，包含了隧道施工的各个步骤，隧道施工的安全保障越来越全面，技术也越来越成熟。

二、公路隧道施工安全风险原因

在事故管理中，尤其是在具体的事故分析以及事故的报告中，事故原因是按照事故的性质来划分的。因此在实际的工作中，必须找出事故的直接原因和间接原因，以便分清事故最直接和最真正的触发原因，从而采取切实可行的防范措施，防止类似的事故重复发生。

（一）直接原因

1.人的不安全行为

人的不安全行为是事故产生的直接因素之一。除了先天性的身体生理因素外，导致事故的人的因素主要包括人的安全知识、安全意识、安全习惯、安全技能水平等。

2.物的不安全状态

物的不安全状态也是事故产生的直接因素之一。导致事故发生的物的因素主要包括施工设备、施工材料、隧道结构等。

3.环境的不安全条件

环境的不安全条件也是事故产生的直接因素之一。导致事故发生的环境因素主要包括隧道内部的作业环境、隧道外部的自然环境、隧道外部的周边环境等。

4.管理缺陷

人的不安全行为和物的不安全状态往往只是事故发生的直接和表面原因，深入分析可以发现，发生事故的根源在于管理的缺陷。导致事故发生的管理因素主要包括企业主要领导者对安全不重视、组织结构和人员配置不完善、安全规章制度不健全、安全操作规程执行不力等。在隧道业，劳动力密集，劳动者文化素质低，在这种情况下加强安全管理就显得十分重要。

（二）间接原因

事故的间接原因，是指引起事故原因的原因。事故是由直接原因产生的，而直接原因又是由间接原因引起的。换句话讲，事故最初就存在着间接原因，由于间接原因的存在而产生了直接原因，然后通过某种触发的加害物而引发了事故。

间接原因主要包括技术原因、教育原因、身体原因、精神原因、管理原因等。

1.技术原因

技术原因主要是指技术上存在的缺陷，如工程装置或设施的设计不合理、没有考虑安全系数和物质的自然规律，结构材料选择不当，设备的检查及保养技术不科学，操作标准技术水平低，设备布置和作业场所（地面空间，照明、通风技术）有缺陷，机械工具的设计与保养技术不良，危险场所的防护及警报技术不过关，防护设施及用具的维护与使用不当，设备的性能存在问题，以及使用的材料达不到要求或者是假冒伪劣材料、产品等。

2.教育原因

教育原因主要是指对上岗人员缺乏应有的安全教育，如缺乏安全知识和安全技术教育，对作业过程中的危险性及应当掌握的安全操作、运行方法不了解或安全训练不够，不安全的坏习惯未克服，根本就没有进行安全教育与培训（或采用替考或弄虚作假进行安全培训）等。

3.身体原因

身体原因是指操作人员的健康状况，如生病（高血压、头痛、头晕、腹痛、癫痫等）、身体缺陷（色盲、近视、耳聋等）、疲劳（睡眠不足、局部器官较长时间工作等）、饮食失调（醉酒、饥饿、口渴等）等。

4.精神原因

精神原因通常分为三种类型：一是精神状态不良，如思想松懈、充满幻觉、冲动、忘却、紧张、恐怖、烦躁、心不在焉等；二是性格方面的缺陷，如固执、心胸狭窄、不愿交流等；三是智力方面的缺陷，如反应迟钝等。

5.管理原因

管理原因既属于直接原因，又属于间接原因。管理不善、缺陷与混乱造成的事故是多种多样的，如领导者的安全责任心不强、安全管理机构不健全、安全技术措施不落实、安全教育与培训不完善、安全标准不明确、安全对策的实施不及时、作业环境条件不良、劳动组织不合理、职工劳动热情不高和管理者的急功近利行为严重等。

三、公路隧道施工安全风险控制措施

（一）管理措施

1.建立施工安全生产管理机构

雷山隧道周边环境复杂、作业环境艰苦、工期紧、技术要求高的特点决定了雷山隧道安全风险管理的复杂性和艰巨性，因此必须建立安全生产管理机构。

2.建立施工安全投入指标体系

施工安全管理应贯彻“安全第一，预防为主”的方针，从细节上加强管理，众多恶性安全事故的发生往往是因为忽略了小的安全风险。施工安全投入尤其重要，其直接关系到施工单位的安全效益，因此专项资金应单独列支，同时还应加强财务审计，确保专款专用，加快构建公路隧道施工安全投入指标体系。

3.建立施工安全会议制度

召开安全管理会议，是做好安全管理工作的一种措施和办法，应根据公路隧道不同施工阶段的特点以及工程建设项目的任务和要求，设置多种安全管理会议，细化相关会议内容，明确会议制度与要求。安全管理会议应密切联系公路隧道施工特点，内容应简洁且重点突出。重要安全管理会议如全线安全管理会议和各级安全管理例会应有会议纪要，存档中还应包括会议照片和会议签到表。

4.安全生产检查制度

安全生产检查包括：①开工前的安全检查；②定期的安全生产检查；③经常性的安全检查；④专业性的安全检查；⑤季节性、节假日的安全生产专项检查。

5.确定施工安全考核奖惩办法

依据现场签订的安全生产责任书，安全管理小组定期对各标段单位和各相关人员进行考评，重点考查安全目标的完成情况和管理人员岗位责任的执行情况，考评成绩可与物质奖励挂钩。

发生事故，要按照“三不放过”的原则进行联合调查，认真分析，查找原因，对事故责任者进行严肃处理，追究其经济、行政、法律责任。

对保证施工安全做出贡献的单位、人员，要给予表彰和奖励。

对造成安全事故的人员和单位要进行相应的处罚。

6.建立施工安全教育和安全交底制度

应充分保障安全教育培训所需人员、资金和设施，建立从业人员的安全教育培训档案，建立健全其安全教育培训制度。应对所有进场人员进行安全教育和再教育，并应严格按照国家相关的法律法规、文件和行业标准要求执行。应重视安全生产宣传工作，通过单位专栏橱窗、局域网等多种渠道，营造浓厚的安全氛围，加强安全文化建设，提高员工的安全意识。

施工中监理部必须定期组织职工学习安全知识，接受安全教育，使他们在思想上消灭安全隐患。

施工中监理人员应经常检查工地，对现场施工人员进行安全讲解，制止违章施工。

建立三级安全交底制度，一是由项目经理组织，总工进行对各工区、各部门、各施工队完成一级安全交底；二是由各工区组织，经理部安全管理部门参与监督，完成爆破作业、高空作业、雨季作业、临时用电等目前正施工的各分项目工程的二级安全技术交底；三是由现场安全员，施工人员和班组长到场组织进行三级安全交底，落实到现场每一个作业人员，并且要有签字手续，否则不得上岗作业。

安全交底工作是确保安全施工的一项重要工作内容，交底采用书面安全交底和现场安全交底相结合的方式。监理部应列出重点安全监控项目及要点，制订详细的施工安全规划。

施工前安全监理工程师应根据施工方案结合现场制订切实可行的安全措施，并下发到施工队。

公路隧道工程施工实行的是项目安全工程师给施工队交底，施工队安全员给领工员、工班长、施工人员进行二次交底的二级负责制。

7.建立施工安全应急系统

应成立重大事故“应急救援指挥领导小组”，由项目经理、工程部、安质部、物机部、调度、办公室等部门领导组成，下设应急救援办公室（调度室），日常工作由调度室兼管。发生重大事故时，以指挥领导小组为基础，组建重大事故应急救援指挥组，负责项目部应急救援工作的组织和指挥。应急救援指挥领导小组的职责包括：负责本单位应急预案的制订、修订；组建应急救援专业队伍，并组织实施和演练；检查督促做好重大事故预防和应急救援的各项准备工作。

8.火工品管理，爆破施工相关安全措施

火工品的购买、运输、储存、发放、回收、销毁均应按照国家、行业相关法律法规办理，爆破员、安全员、押运员等管理人员按规定必须取得相关资质并依照作业规程进行现场安全控制。

9.建立安全责任制

应实行岗位责任制，把安全生产纳入竞争机制，纳入承包内容，督促逐级签订包保责任状。应明确分工，责任到人，做到齐抓共管，抓管理、抓制度、抓队伍素质，盯住现场，跟班作业，抓住关键，超前预防。

10.建立安全检查制

在施工过程中应加强安全检查，及时发现安全隐患，提出安全整改意见和措施，并督促落实，确保施工安全。

应督促班组安全员、防护员将每天施工现场安全情况总结汇报给队安全员，队安全员整理后应汇报给项目安全监理工程师。

项目安全监理工程师和隧道安全员每周应进行一次安全检查、评比，查找问题，杜绝事故。

（二）预案措施

当发生施工事故时，为有效防止事故扩大，降低员工生命危险，最大限度减少经济损失，应制订隧道事故应急预案。

1.组织机构及职责

①项目部应成立应急指挥小组，组长由项目经理担任，副经理、总工、书记担任副组长，项目部全体管理人员均为组员。

②应急小组各人应有明确分工，主要任务有抢救伤员，清理土方或杂物，同医院、劳动部门取得联系，说明详细事故地点、事故情况，并派人到路口接应现场物资、车辆的调度。

③施工队伍中主要管理人员也应积极配合，使应急工作紧张有序，各项工作有专人负责并在组长的统一安排下进行。

④隧道事故应急预案应建立组织机构图和任务分配表。

2.人员急救措施

①发生事故后，应立即报告应急指挥小组，由项目经理负责现场总指挥。发现事故人员首先应高声呼喊，通知现场安全员，并由安全员组织施工人员紧急撤离至安全区域。

②如有人员受伤，应立即拨打“120”急救中心电话取得联系，详细说明事故地点、严重程度，并派人到路口接应。

③在向有关部门电话求救的同时，应对受伤人员在现场安全地带采取可行的应急抢救措施，如现场包扎止血等，防止受伤人员因流血过多而死亡。对呼吸、心跳停止的伤员应予以心肺复苏。

④若事故严重，要立即上报公司及有关部门，并启动公司应急救援预案。

⑤如有人员被掩埋，应在采取有效安全防护措施后，及时组织人员进行抢救，应尽快解除重物压迫，减少伤员挤压综合征的发生，并将其转移至安全地

方，防止事故进一步扩大。

⑥在没有人员受伤的情况下，现场负责人应根据实际情况研究补救措施，在确保人员生命安全的前提下，尽快组织恢复正常施工秩序。

3.现场处理措施

当隧道发生事故后，应根据事故现场情况，及时制订有效的处理措施，防止事故的进一步扩大，并保证尽快恢复生产。事故现场处理的主要步骤为：①评估事故情况；②事故原因分析；③处理事故；④随时调整，优化急救措施。

（三）技术措施

1.塌方安全风险控制

应根据勘察与设计资料，综合考虑实际开挖所揭露的围岩条件，与勘察设计资料有出入的应及时调整施工方案和支护参数。应严格控制隧道超、欠挖情况。在施工过程中，应做好超前探孔，应坚持“预防为主”的原则，有准备地做好各种预防措施，同时还应加强围岩监控量测，及时反馈信息，保证施工安全。

2.突水突泥安全风险控制

应对断裂构造及节理裂隙密集带地下水赋存情况、富水段地质构造等情况进行深入调查，制订相应的应急预案。

3.大变形和洞口安全风险控制

①在隧道洞口施工前，应先施工洞顶截（排）水沟，形成完善的洞口防排水系统，并平整洞顶地表，以确保排水通畅和洞口施工安全，同时还应进行边仰坡防护和加固，必要时应设置防护网等安全措施，以保证隧道洞口的施工安全。

②施工中应加强监控量测，应根据监测的情况和围岩应力特征，针对洞口较差的围岩，有针对性地选取洞口支护加固方案，如可以通过适当加大预留变形量、加长系统锚杆（必要时加密布置）、加强支护等措施来控制变形。

③应加强洞口段超前支护和边仰坡设计，必要时应采用大管棚+超前小导管支护。洞口按设计完成超前支护后，方可开始正洞的施工。

④隧道出口段处于岩层松散破碎带，施工中采用三台阶临时仰拱法，开挖循环进尺控制在0.8 m，台阶长度3～5 m，及时进行初期支护，保证围岩稳定。中、下台阶左右边墙每次进尺不得超过2榀（1.6 m），且左右错开3～5 m。

⑤严格控制开挖进尺，台阶长度、仰拱与掌子面距离、二衬与掌子面距离

始终控制在国家标准内。开挖后应立即封闭开挖暴露面，喷射混凝土可采用高标号（可采用C25以上）早强混凝土。

⑥支护设置I20b型钢架，间距为1榀/0.8 m，拱部设置ϕ42 mm小导管超前支护，小导管环向间距40 cm，长4.0 m。必要时小导管加密，系统锚杆加长。

⑦及时施作隧底仰拱，严格控制各道工序和施工工艺，尽早闭合成环。仰拱落底开挖每次不得超过4 m，已成环仰拱距离掌子面不得超过30 m。为防止仰拱全幅开挖时边墙向内位移，必要时加设横梁顶紧。仰拱施作一次成型，严禁分幅施工，其施工缝和变形缝的防水处理工艺要求同衬砌拱墙的施工缝一致。施工中应严格控制各道工序，加强监控量测。

⑧尽早组装衬砌台车，进行二次衬砌，要求二衬距离掌子面不得超过60 m，加强二次衬砌的结构厚度和钢筋布置。加强监控量测工作，及时调整支护衬砌参数和施工方法。发生挤压大变形时，可采用多重支护、分次施工来控制变形。

四、公路隧道施工安全风险管理必要性

由于隧道工程具有投资大、施工周期长施工项目多、施工技术复杂、不可预见风险因素多和对社会环境影响大等特点，隧道工程建设是一项高风险建设工程。

由于规模大、发展快、技术和管理力量难以充分保证，再加上对隧道工程安全风险的认识不客观、风险管理不科学、风险管理的投入不到位，所以在隧道工程建设中，事故频发，形势非常严峻，令人担忧。

安全是人类最重要、最基本的需求，是人民生命与健康的基本保证。隧道工程是一个风险源多、风险性较大的行业，也是事故多发的行业。

因此，公路隧道工程安全风险管理的必要性和紧迫性是由中国隧道工程建设规模大、发展快的客观事实以及隧道工程严峻的安全形势所决定的。

第四节　我国公路隧道建设的发展

一、我国公路隧道发展概况

我国山地、丘陵和高原面积约占国土总面积的69%。过去在山区修筑公

路，由于建设资金严重短缺，多以盘山绕行为主。公路隧道建设非常缓慢，20世纪50年代，仅有30多座总里程约2.51 km的公路隧道。在20世纪五六十年代，我国在10条公路线上修建了百米以上的公路隧道。例如，1964年修建的北京至山西原平公路（四级公路），修建了两座200 m以上的隧道，当时已是非常大的工程。

改革开放以来，随着国民经济的迅速发展，公路交通建设规模日益扩大，隧道施工技术达到新的水平，公路隧道建设不仅在山区和丘陵地区公路建设中，而且在东部江河桥隧跨越方案比选中，日益引起人们重视，并得到很大发展。

截至2020年底，我国等级以上运营公路上的隧道有21316处，总长约21999.3 km。其中，特长隧道1394处、总长6235.5 km，长隧道5541处、总长9633.2 km。目前已投入运营的最长公路隧道是位于陕西省的终南山隧道，长18.02 km；在建的最长公路隧道是天山胜利隧道，长22.11 km。

进入21世纪以来，我国高速公路增长迅速，2010—2013年，高速公路的增长率为29.0%，而其隧道总里程与座数的增长率分别为46.7%和35.0%，远高于公路本身的增长率。同时，我国还修建了不少大跨度隧道、连拱隧道和小间距隧道，沈大高速公路改建工程中的金州隧道，单向四车道行车，单洞开挖宽度23 m，是亚洲最宽的公路隧道。此外，我国应用暗挖法、盾构法、沉管法成功地修建了5座水下隧道，标志着我国已具备修建水下隧道的能力并掌握了相关技术。同时，我国还有许多特长公路隧道正在规划和研究中。可以预见，21世纪，我国公路隧道建设技术必将有新的更大的发展。

近年来，随着中国的交通行业的快速发展，公路隧道工程建设越来越多，2015—2020年中国公路隧道数量呈逐年增长趋势，2020年中国公路隧道数量21316处，同比增长11.80%。

2015—2020年中国特长隧道及长隧道数量均呈逐年增长态势，2020年中国特长隧道数量1394处，较2019年增长219处；长隧道数量5541处，较2019年增长757处。

隧道是缓解城市交通拥堵的必要手段之一，2015年以来，中国公路隧道长度呈直线上升，至2020年底中国公路隧道长度已增至2199.93万延米，同比增长15.99%。

二、我国公路隧道改扩建技术研究展望

21世纪以来，公路隧道工程领域的新材料、新技术、新工法层出不穷，国

内首创的双向10车道四连拱观音岩隧道也即将通车，隧道建设已迈入新的发展阶段。综合以上对国内改扩建隧道的修建情况及研究热点梳理，本节对今后的隧道改扩建工程研究提出如下几点展望：

（一）制定分级的、细分的改扩建标准

应结合工程实践及理论研究，在对围岩稳定性进行细分评价的基础上，对不同等级公路分别制定有针对性的技术经济安全评估指南，对后续类似改扩建工程的选型提供统一的标准。

（二）隧道全生命周期的系统管理

近百年来，我国新建了万余座隧道，这些隧道在长期运营过程中暴露出衬砌开裂、渗漏水、行车道过窄等一系列问题。对隧道全生命周期进行信息化管理，可以为未来改扩建工程的决策、设计、施工及运营过程提供重要数据支撑。

（三）隧道绿色施工、快速建造技术

隧道改扩建施工往往需要保证原有隧道的通车需求，也需要兼顾对周边环境的保护。尤其是中长隧道改扩建工程，往往需要投入大量的人力物力，对周边环境的影响也不容小觑。在当前“碳达峰、碳中和”的大背景下，隧道改扩建的绿色施工技术已受到广泛的重视。加之，近年来隧道新型施工机械、施工工艺层出不穷，隧道改扩建工程的绿色施工、快速建造技术是一个非常具有前景的技术手段。

第二章 公路隧道的结构构造

在我国交通强国战略背景下，隧道的建设数量不断增加，隧道工程所处的环境也越来越复杂，这就对隧道衬砌结构的力学性能和耐久性提出了更高的要求。为推动我国经济的进一步发展，我国政府进一步加大了对公路隧道的建设力度。但是，目前在建设工作中仍然面临许多问题，人们需要采取积极的措施来有效地解决它。为了促进我国公路隧道建设更好地发展，我们需要对隧道的结构构造进行深入的研究。本章分为公路隧道建筑限界及内部轮廓、公路隧道衬砌材料与构造、明洞、公路隧道防水及排水系统和公路隧道内附属构造物五部分，主要讲述隧道建筑限界、建筑限界规定、隧道衬砌内部轮廓的要求、衬砌材料、衬砌结构等内容。

第一节 公路隧道建筑限界及内部轮廓

一、隧道建筑限界

为确保车辆在隧道内安全行驶，必须留有一定的限界空间，即隧道净空。如果隧道净空小，则不能保证车辆安全通过；如果净空较大，则增加隧道开挖和衬砌工程数，影响造价。因此，必须从使用和施工成本等方面综合考虑，并根据公路等级确定隧道的建筑限界。

建筑限界最小净高（净空高度）应符合表2-1的规定。

表2-1 建筑限界最小净高

道路性质	行驶车辆类型	最小净高/m	建筑限界顶角高度/m
城市道路	各种机动车	4.5	0.5
	小客车专用	3.5	0.5
公路（高速、一级）	各种机动车	5.0	1.0

注：①表中小客车指车体高度和装载高度均不大于3 m的客车。

②城市道路小客车专用隧道最小净高的极限值可取3.2 m。

一条机动车道宽度应符合表2-2的规定。

表2-2 机动车道宽度

道路性质	车型及车道类型	设计速度/（km/h）	
		＞60	≤60
城市道路	大型车或混行车道	3.75	3.50
	小客车专用车道	3.50	3.25
公路（高速、一级）	各种机动车	3.75	3.50

注：设计速度小于等于60 km/h的城市道路小客车专用车道宽度极限值可取3.0 m。

两侧带最小宽度应符合表2-3的规定。

表2-3 两侧带最小宽度

道路性质	道路等级	设计速度/（km/h）	路缘带宽度/m		安全带宽度/m
			左侧	右侧	
城市道路	快速路主、次干路	≥60	0.5	0.5	0.25
		＜60	0.25	0.25	0.25
公路	高速公路一级公路	100	0.75	1.00	0.25
		80	0.50	0.75	0.25
		60	0.50	0.75	0.25

注：对设计速度100 km/h的公路隧道，当不设检修道时，左侧安全带宽度为0.5 m。

二、建筑限界规定

第一，公路隧道的建筑限界内任何物体都不得侵入。

第二，公路隧道建筑限界宜与两端接线道路的建筑限界保持一致，不一致时应设过渡段平顺衔接。

第三，公路隧道内一般可不设置检修道，单向双车道的长或超长隧道宜在行车方向右侧设置连续式紧急停车带。

第四，单车道的匝道应设置连续式紧急停车带（应急车道）。

第五，当路面采用单向坡时，建筑限界底边线应与路面重合；当路面采用双向坡时，建筑限界底边线应水平置于路面最高处。

三、隧道衬砌内部轮廓的要求

隧道衬砌内部轮廓，在使用、受力及施工三个方面的要求，分别阐述如下：

第一，使用方面的要求。隧道衬砌的内部轮廓，应尽量接近隧道净空，以使开挖的土石方数量及衬砌的材料数量为最小。

第二，受力方面的要求。隧道衬砌的内部轮廓，应尽力符合衬砌结构的受力状态，即尽力适应衬砌结构应力分布情况。在良好的地质条件下，衬砌结构承受荷载较小时，可采用直边墙（称为直墙式）；在地质较差的条件下，衬砌结构承受荷载较大时，一般多采用曲边墙（称为曲墙式）；当隧道底可能会引起基础沉陷时，可采用带仰拱的封闭形式。

第三，施工方面的要求。隧道衬砌内部轮廓应当便于施工，因此要求衬砌内部轮廓在各种条件下，变化尽量小或不变化，这样可使拱架模板能重复周转使用。为了便于不同衬砌断面的衔接，拱圈与边墙的分界高度（称为起拱线）最好也采用同一数值，衬砌内部轮廓线的曲率要求尽量一致。

第二节　公路隧道衬砌材料与构造

一、衬砌材料

隧道衬砌的作用是承受围岩压力和地下水压力，阻止围岩变形，防止围岩风化，有时还要承受化学侵蚀，地处高寒地区的隧道还经常遭受冻害等。所以，隧道衬砌结构的建筑材料应具有足够的强度、耐久性、抗渗性、抗腐蚀性和抗风化性、抗冻性等。此外，还要满足经济、就地取材、易于机械化施工等要求。根据以上要求，隧道建筑通常采用以下几种材料。

（一）混凝土和钢筋混凝土

1.混凝土的优点

混凝土的优点包括：整体性和抗渗性较好，既能现场浇筑，也能在工厂预制，还能采用机械化施工；可以在水泥中掺入密实性附加剂，以提高混凝土的密实度，从而提高混凝土的抗渗性和防水性能。

2.混凝土的缺点

混凝土的缺点：混凝土浇筑后需要养护而不能立即承受荷载，需要达到一定强度后才能拆模；占用和耗用较多的拱架及模板；化学稳定性（耐侵蚀性能）较差。但其优点是主要的，所以目前混凝土仍然是隧道衬砌结构的主要建筑材料。

混凝土中加入钢筋是为了提高混凝土的抗拉、抗剪性能，所以钢筋混凝土材料主要用在明洞衬砌及地震区、偏压、通过断层碎带或淤泥、流沙等不良地质地段的隧道衬砌中，在特殊情况下可加入旧钢轨或焊接钢筋骨架进行加强。

（二）喷射混凝土

喷射混凝土的早期强度和密实性均较普通混凝土高，能封闭围岩的裂隙，因其中加入了速凝剂，能很快起到支护围岩的作用。其施工过程可以全部机械化，且不需要拱架和模板。在石质较软的不稳定围岩中，它还可以与锚杆、钢丝网等配合使用，是一种理想的衬砌材料。

（三）片石混凝土

为了节省水泥，在围岩较好地段的衬砌，可在混凝土中掺入片石，即片石混凝土（片石的掺量不应超过总体积的20%），片石因可以就近取材，降低了工程造价。此外，当起拱线以上1 m以外部分有超挖时，其超挖部分也可用片石混凝土进行回填。选用的石料要坚硬，严禁使用风化片石，以保证其质量。

（四）料石或混凝土块

料石或混凝土预制块用强度等级不低于M10的水泥砂浆砌筑衬砌。其优点是：可以就地取材，能节约大量水泥和模板，耐久性和耐侵蚀性能较好，可保证衬砌厚度并能较早地承受荷载。缺点是：砌缝多，容易漏水，防水性能较差，施工主要靠手工操作，难以机械化施工，费工、费时，施工进度较慢，而且需要大量的熟练工人。

在盛产石料的地区及隧道边墙地基的地质条件较好时，本着就地取材及经济的原则，石料衬砌仍可被采用，尤其是洞门挡墙、挡土墙等仍然经常使用石料。

二、衬砌构造

（一）整体式混凝土衬砌

隧道开挖后，常以较大厚度和刚度的整体模筑混凝土作为隧道的结构。为防止围岩掉块、坍塌，可采用支撑或临时支护（传统上为各类支撑，如木支撑、钢支撑等），随着喷锚技术的应用现多改为喷锚支护。但这种支撑或支护多作为临时支护，而不作为结构的组成部分。

在整体式混凝土衬砌的施工过程中，应根据工程类别，采用不同的围岩类型和衬砌厚度，其形式有直墙式和曲墙式两种，曲墙式又分为有仰拱和无仰拱。在施工过程中，如存在较大的偏压、冻胀力、倾斜的滑动推力、塌陷、塌方、震区、7度以上地震区等，应根据荷载特点，分别进行设计。

1.直墙式衬砌

这种类型的衬砌适用于地质条件比较好，以垂直围岩压力为主而水平围岩压力较小的情况。直墙式衬砌由上部拱圈、两侧竖直边墙和下部铺底三部分组合而成，主要适用于Ⅰ～Ⅱ级围岩。

2.曲墙式衬砌

曲墙式衬砌适用于地质较差、有较大水平围岩压力的情况，主要适用于Ⅳ级及以上的围岩，或Ⅱ级围岩双线隧道。多线隧道也常采用曲墙有仰拱的衬砌。曲墙式衬砌由顶部拱圈、侧面曲边墙和底板（或铺底）组成。除在Ⅳ级围岩无地下水且基础不产生沉降的情况下可不设仰拱只做平铺底外，一般均设仰拱，以抵御底部的围岩压力和防止衬砌沉降，并使衬砌形成一个环状的封闭整体结构，以提高衬砌的承载能力。

双线或三线隧道的洞身衬砌，可采取单孔式，四线隧道可采取双孔式。单孔式衬砌应满足双线或三线隧道衬砌净空要求。双孔式衬砌由两个双线隧道组成，中间设隔墙，为节省圬工，隔墙上可设孔洞。

（二）装配式衬砌

就地模筑的整体式混凝土衬砌虽然在我国被广泛采用，但是，它在灌筑以后不能立即承受荷载，必须经过一个养护的时期，因而施工进度受到一定的限制。随着社会不断地向工业化和机械化发展，隧道施工技术也逐渐向工业化和机械化方向改进，于是，出现了装配式的隧道衬砌。这种衬砌是指将若干在工厂或现场预先制备的构件运入坑道内，用机械将它们拼装成一环接着一环的衬砌。这种衬砌具备下列优点：

①一经装配成环，不需养护即可承受围岩压力；

②预制的构件可以在工厂成批生产、在洞内可以机械化拼装，从而改善了劳动条件；

③拼装时，不需要临时支撑如拱架、模板等，从而节省了大量的支撑材料及劳力；

④拼装速度因机械化而提高，缩短了工期，还有可能降低造价。

装配式衬砌的构造应满足下列条件：

①强度足够而且耐久；

②能立即承受荷载；

③装配简便，构件类型少，形式简单，尺寸统一，便于工业化制作和机械化拼装；

④构件尺寸大小和重量适合拼装机械的能力；

⑤有防水的设施。

国外早在19世纪就已开始试用装配式衬砌，尤其在地下铁道工程中采用较多。在我国宝兰铁路线上曾试用过半圆形拱部的装配式衬砌。在黔贵线上试用过“T”字形镶嵌式装配衬砌。但它们还存在着一些缺点，如需要坑道内有足够的装配空间、制备构件尺寸上要求一定的精度等。由于以上原因，目前装配式衬砌多在使用盾构法施工的城市地下铁道中应用，在我国铁路和公路隧道上，未能推广使用。相信在科学技术发展的未来，克服了上述缺点后，装配式衬砌将是一个有前途的衬砌形式。

（三）锚喷式衬砌

锚喷式衬砌是指锚喷结构既作为隧道临时支护，又作为隧道永久结构的衬砌形式。它具有隧道开挖后衬砌及时、施工方便和经济的显著特点，特别是纤维喷射混凝土技术显著改善了喷射混凝土的性能，在围岩整体性较好的军事工程、各类用途的使用期较短及重要性较低的隧道中被广泛使用。在公路、铁路隧道设计规范中，都有根据隧道围岩地质条件、施工条件和使用要求可采用锚喷衬砌的规定。铁路隧道设计规范中规定，锚喷衬砌设计应符合下列要求：

①锚喷衬砌内轮廓线应比整体式衬砌适当加大，除考虑施工误差和位移量外，应再预留10 cm作为必要时补强用。

②遇到下列情况时不应采用锚喷衬砌：地下水发育或大面积淋水地段；能造成衬砌腐蚀或特殊膨胀性围岩地段；最冷月平均气温低于−5 ℃地区的冻害地段；有其他要求的隧道。

喷射混凝土是以压缩空气为动力，将掺有速凝剂的混凝土拌和料和水混合成浆状混合料，喷射到坑道的岩壁上凝结而成的。在围岩不够稳定时，可加设锚杆和金属网，构成一种支护形式，简称“喷锚支护”。

喷锚支护是目前常用的一种围岩支护手段。采用喷锚支护可充分发挥围岩的自承功能，有效地利用洞内净空提高作业的安全性和作业的效率，并能适应软弱和膨胀性地层中的隧道开挖，还能用于整治坍方和隧道衬砌的裂损。

喷锚支护包括锚杆支护、喷射混凝土支护、喷射混凝土锚杆联合支护、喷射混凝土钢筋网联合支护、喷射混凝土与锚杆及钢筋网联合支护，以及上述几种类型加设型钢支撑（或格栅支撑）而成的联合支护等。

相对于模筑混凝土衬砌而言，喷锚支护是一种与模筑混凝土衬砌本质不同的支护方式。从作用原理上看，它不是以一个刚度强大的结构物来抵抗围岩所给予它的压力荷载，而是施加一种措施以发挥围岩本身的自稳能力，与围岩合成一体，共同作用，成为柔性的衬砌。从施工方法来看，它不用拱架和模板来灌筑和盛装建筑材料，而是直接把建筑材料喷到岩壁上，直接凝成支护层。它节约了大量的木材，降低了工人的劳动强度，使坑道断面缩小，从而减少了开挖量，圬工量也因减薄而节省。可以说，它是一种极有发展前途且带有改革性质的方向性进步。目前，在我国隧道工程中，喷锚支护不但已基本取代厚体的模筑混凝土衬砌，而且其在许多其他的土建工程中也被大力推广使用，取得了很好的效果。

（四）复合式衬砌

复合式衬砌是指将衬砌分为两层或两层以上，可以是同一种形式、方法和材料施作，也可以是不同形式、方法、时间和材料施作。现在大部分衬砌采用的是内外两层结构。根据内、外组合情况，可分为锚喷支护和混凝土衬砌。按围岩条件分别采用不同的断面形式及衬砌参数。

当今世界各国和地区高速铁路山岭隧道衬砌结构的主流是复合式衬砌。国内客运专线铁路隧道，在围岩稳定性差、地下水发育区，建议选用复合式衬砌。设计参数的制定原则是：初期支护承担施工阶段的全部荷载，由于初期支护存在弱化的情况，二次衬砌承担作用于二次衬砌上的荷载，或由于软岩蠕变、环境条件变化等，并可作为安全储备。

复合式衬砌是先在开挖好的洞壁表面喷射一层早强的混凝土（有时也同时施作锚杆），凝固后形成薄层柔性支护结构（称为初期支护）。它既能容许围岩有一定的变形，又能限制围岩产生有害变形，其厚度多为5～20 cm。一般待初期支护与围岩变形基本稳定后再施作内衬。为了防止地下水流入或渗入隧道内，可以在外衬和内衬之间设防水层，其材料可采用软聚氯乙烯薄膜、聚异丁烯片、聚乙烯等防水卷材，或用喷涂防水涂料等。

关于复合式衬砌内外层结构受力状态，一种看法认为：围岩中因围岩具有自承能力，它与初期支护组合在一起能起到永久建筑物的作用，故二次衬砌只是用来提高安全度的。另一种看法则认为，二次衬砌的承载作用是主要的，它不仅稳定围岩的变形且在整个衬砌结构中占有主导地位。还有一种看法认为，内、外衬砌是共同承载受力的。根据模型试验和理论分析的结果，复合式衬砌的极限承载能力比同等厚度的单层模筑混凝土衬砌可提高15%～25%，如能调整好内衬的施作时间，还可以改善结构的受力条件。

综上所述，复合式衬砌能够满足初期支护及时、刚度小、易变形等要求，并与围岩紧密贴合，可有效保护和加固围岩，充分发挥围岩的自承作用。二次衬砌后，内表面光滑、平整，可防止外风化，装饰内壁，增强安全感，是目前公路、铁路隧道主要结构形式。

（五）连拱衬砌

按照公路隧道设计规范规定，高速公路、一级公路一般应设计为上下行分离的两座独立隧道。两相邻隧道最小净距视围岩类别、断面尺寸、施工方法、爆破震动影响等因素确定，一般在30 m以上。从理论上讲，这时要将两相邻隧道分别置于围岩压力相互影响及施工影响范围之外。这对降低工程造价是有益的，在条件许可的情况下，可以采用这种上、下行分别布设的分离式隧道，但在某些特定条件下，如路线分离困难，或洞外地形条件复杂、土地紧张、拆迁数量大，或采用上、下行分离双孔隧道，其中一孔的隧道长度需要过分加长时，执行这一净距非常困难，尤其桥隧相连更是如此。在这种情况下，采用连拱隧道衬砌结构，可以很好地解决这个问题。此外，在山区铁路中，许多中小车站的（三线或四线）股道不得不延伸至隧道内时，也多采用连拱隧道的结构形式。

连拱隧道，就是将两隧道之间的岩体用混凝土取代，或者说是将两隧道相邻的边墙连接成一个整体，形成双洞拱墙相连的一种结构形式。中间的连接部分通常称为中墙。它的适用特点如下：

①洞口位置选择自由度大，适用于地形复杂，线路布设极为困难的情况；

②引线占地面积少，接线难度小，尤其应用于城市中时，可大大减少拆迁，降低工程费用；

③较深挖高边坡稳定，由此可减少营运中的安全隐患；

④便于公路桥隧和铁路站隧相连；

⑤可保持路线线形流畅，且断面造型美观；

⑥便于运营管理。

连拱衬砌由于具有以上特点，因而越来越受到隧道工程界的青睐。但是它也有一定的缺点，即增加了中墙结构，使造价相较独立双洞高，且开挖时分块多，工程进度较慢，故它一般只适用于长度不超过500 m的短隧道。

（六）大拱脚薄边墙衬砌

大拱脚薄边墙衬砌适用于Ⅴ、Ⅳ类围岩。边墙可用喷混凝土做成，亦可用混凝土整体灌浇。采用此类衬砌可使拱脚稳固地直接支承在两侧围岩上，以改善拱圈的受力条件，减少边墙的开挖及衬砌圬工数量，降低工程造价。

（七）钢花拱或钢筋混凝土衬砌

当隧道通过坍方、断层地段，或在I类围岩中时，由于作用荷载很大，一般可采用曲墙式混凝土衬砌，因其截面太厚，施工困难，即费料费工，故此宜采用带有劲性钢骨的、厚度较小的钢花拱衬砌或钢筋混凝土衬砌。

（八）结构不对称的偏压衬砌

当地面坡度陡于1∶0.25时，线路中线外侧山体覆盖较薄，或地质构造引起偏压，使衬砌结构承受显著不对称的围岩压力，此时适宜采用不对称的衬砌结构，即偏压衬砌。偏压衬砌适用于Ⅳ～Ⅱ类围岩。

第三节　明洞

明挖法指的是没有覆盖层，在露天施作仰拱、填充、支内模、挂防水板、绑钢筋、支外模、浇筑衬砌混凝土，再人工填土覆盖的一种施工方法。用明挖法修建的隧道称为明洞。明洞一般修筑在隧道的进出口处，当遇到地质差且洞顶覆盖层较薄，用暗挖法难以进洞，或洞口路堑边坡上有落石而危及行车安全时，或铁路、公路、河渠必须在铁路上方通过且不宜做立交桥或涵渠时，均需要修建明洞。它是隧道洞口或线路上起防护作用的重要建筑物，在铁路线上使用的明洞的结构类型常因地形、地质和危害程度的不同，有多种形式，采用最多的为拱式明洞和棚式明洞两种。

一、拱式明洞

拱式明洞的结构形式与一般隧道基本相似，也是由拱圈边墙和仰拱或铺底组成的。它的内轮廓也和隧道一致。但是，由于它周围是回填的土石得不到可靠的围岩抗力的支持，因而结构的截面尺寸要略大一些。

当洞口的地形或地质条件难以用暗挖的方法修建隧道时，例如，当洞口附近埋深很浅，施工时不能保证上方覆盖层的稳定，或是深路堑高边坡上有较多的崩塌落石，以致对行车有威胁时，常常需要修筑拱式明洞来防护。拱式明洞结构坚固，可以抵抗较大的推力，其适用的范围较广。拱式明洞是在露天施工的，不受地下坑道条件的限制，因此可以用钢筋混凝土浇筑拱圈。外边墙体积大，可以用混凝土或石料衬砌。

明洞顶上回填土是为了缓冲落石对衬砌的冲击而设的，它的厚度应视落石下坠的实际情况而定。一般不应小于1.5 m。在填土面上应留有不小于1：1.5的流水坡。填土的上面及拱顶上方都要做一层黏土隔水层以防水渗入。

由于外墙尺寸较大，所以圬工数量较多。如果基底地质较好，外墙可以做成连拱形，以节省圬工。如果明洞外侧覆盖土不厚，还可以掏成侧洞，使露天的光线可以射进来，外界的新鲜空气也可以流进来，改善明洞内的环境条件。

有时，在隧道洞口有公路或水渠横越而又不宜做立交桥时，为了保持公路的通行和不致中断灌溉农田的水道，可以修建带有渡槽的拱式明洞。在有滑坡的地方，而路线又必须通过时，也可以配合挡墙、抗滑桩等，修建抗滑明洞，作为综合治理滑坡的措施之一。

拱式明洞应设置横向贯穿的伸缩缝，其间距为6～20 cm，视情况而定。如果有侧洞，伸缩缝应避开侧洞位置。拱式明洞可以分为路堑式拱形明洞和半路堑式拱形明洞。

（一）路堑式拱形明洞

路堑式拱形明洞适用于路堑边坡处于对称或接近对称，边坡岩层基本稳定，仅防边坡有少量坍塌、落石，或用于隧道洞口岩层破碎，覆盖层较薄而难以用暗挖法修建隧道时。此种明洞主要承受对称荷载，拱、墙均应为等截面，边墙应为直墙式。洞顶应做防水层，上面夯填土石后，应覆盖防水黏土层，并应在其上做纵向水沟，以排除地表流水。

路堑式拱形明洞位于两侧都有高边坡的路堑中。在挖出路堑的基面上，应先修建与隧道衬砌相似的结构，但是截面尺寸应稍大一些，然后再回填上面覆盖的土石。两侧墙外应填浆砌片石，使其密实。上面应填土石，夯紧并覆盖防水黏土层，黏土层上应留有排水的沟槽，以防止地面水的渗入。路堑式拱形明洞又可分为对称式拱形明洞和偏压式拱形明洞两种。

1.对称式拱形明洞

对称式拱形明洞适用于路堑边坡处于对称或接近对称，边坡岩层基本稳定，仅防边坡有少量坍塌、落石，或隧道洞口破碎，覆盖层较薄而难以用暗挖法修建的隧道。

2.偏压式拱形明洞

偏压式拱形明洞适用于两侧边坡高差较大的不对称路堑。它主要承受不对称荷载，拱圈为等截面，而边墙的外侧厚度视所处位置的地质和地形情况而定，既可以和内侧边墙厚度相同，也可以大于内侧边墙厚度。

（二）半路堑式拱形明洞

半路堑式拱形明洞适用于傍山隧道洞口或傍山线路上半路堑地段。此种明洞荷载不对称，承受偏侧压力，拱圈为等截面（有时也可能采用变截面），内侧边墙为等厚直墙，外侧边墙为设有耳墙的不等厚斜墙。由于外墙尺寸较大，为了节省圬工，可做成连拱墙式。另外，特别要注意处理好外墙基础，以防因外墙下沉而使结构开裂。

在傍山隧道的洞口或傍山线路上，当一侧边坡陡峭且有坍方、落石的可能，对行车安全有威胁，或隧道必须通过不良地质地段而急需提前进洞时，都宜修建半路堑式拱形明洞。由于它受到单侧的压力，虽然它的结构内轮廓与隧道一致，仍是左右对称的，但结构截面却是左右不同的，外墙需要相对加大，而且必须把基础放在稳固的基岩上。有时，拱圈也可能采用变截面，以抵抗单侧的压力。这类明洞又可分为偏压斜墙式拱形明洞和单压耳墙式拱形明洞两种。

1.偏压斜墙式拱形明洞

偏压斜墙式拱形明洞适用于地形倾斜、低侧处路堑有较宽敞地面的半路堑地段。此种明洞承受偏压荷载，拱圈和内侧边墙为等厚，外侧边墙为不等厚的斜墙式。

2.单压耳墙式拱形明洞

有时外侧地形低下，不能保持回填土的天然稳定坡度，或是按天然稳定坡度则边坡将延伸很远时，可以在结构的外墙顶上，接高一段挡墙，用以拦截土石的流走，这种明洞被称为单压耳墙式拱形明洞。

（三）明洞基础

明洞基础应置于稳固的地基上。当基岩埋深较浅时，基础可设置于基岩上；当基础位于软弱地基上时，基础可采用仰拱、整体式钢筋混凝土底板等结构。外墙基础趾部应有一定的嵌入深度，并应设在冻结线以下0.25 m，且保证一定的护基宽度，如表2-4所示。

表2-4　明洞墙嵌入深度

岩层种类	埋深/m	护基宽/m
较完整的坚硬岩层	0.25	0.25～0.5
一般岩层（如砂页岩互层）	0.60	0.6～1.50
松软岩层（如千枚岩等）	1.00	1.0～2.0
砂夹砾石	1.5	1.5～2.5

明洞基础应遵守隧道衬砌基础的有关规定。当两侧边墙地基软硬不均时，应采取措施加以处理，以免引起过大的沉降和不均匀沉陷导致明洞结构产生裂缝或破坏。可采取下述措施：①基岩不深时可加深基础，设置于基岩上；②采用钢筋混凝土或混凝土仰拱；③采用钢筋混凝土底板，修筑整体式基础；④亦可采用桩基或加固地层等措施。

当地基为完整坚固的岩体时，基础可切割成台阶。台阶平均坡度应不陡于1∶0.5；坡度线与水平线的夹角不得大于岩层的内摩擦角；台阶宽度应不小于0.50 m，最低一层基础台阶宽度应不小于2 m。当基础外侧受水流冲刷影响时，为了使基础外侧护基部分岩土稳定或为防止河岸冲刷的影响，应另采取挡墙护岸、边坡加固等防护、防冲刷措施。

明洞外边墙、棚洞立柱基础埋置位置在路面3 m以下时（一般是指半路堑单压式明洞的外侧边墙及立柱），应在路基处设置钢筋混凝土横向水平拉杆或锚杆，或给立柱加设横撑和纵撑，以减小墙底转角，改善结构受力条件，增加墙柱约束，减小其长细比的影响，从而确保外侧边墙及立柱的整体及局部稳定性。

二、棚式明洞

当山坡的坍方、落石数量较少，山体侧向压力不大，或因受地质、地形限制，难以修建拱式明洞时，可采用棚式明洞。棚式明洞常见的结构形式有盖板式、刚架式棚洞和悬臂式棚洞三种。

（一）盖板式棚洞

盖板式棚洞由内墙、外墙及钢筋混凝土盖板组成简支结构。其上回填土石，以保护盖板受山体落石的冲击。这种棚洞的内侧应置于基岩或稳定的地基上，一般为重力式墩台结构，厚度较大，以抵抗山体的侧向压力。当基岩层完整，坡面较陡，地面水不大，采用重力式内墙开挖量较大时，可采用钢筋混凝土锚杆式内墙。外墙只承受由盖板传来的垂直压力，厚度较薄，要求的地基承载力较小。外墙也可做成梁式（中间留有侧洞）以适应地形和节省圬工。

（二）刚架式棚洞

当地形狭窄，山坡陡峻，基岩埋置较深而上部地基稳定性差时，为了使基础置于基岩上且减小基础工程，可采用刚架式外墙，此时称明洞为刚架式棚洞（有时也可采用长腿式明洞）。

该棚洞主要由外侧刚架，内侧重力式墩台结构、横顶梁、底横撑及钢筋混凝土盖板组成，并做防水层及填土石处理。

（三）悬臂式棚洞

针对稳定而陡峻的山坡，在外侧地形难以满足一般棚洞的地基要求，且落石不太严重的情况下，可修建悬臂式棚洞。它的内墙为重力式，上端接筑悬臂式横梁，其上铺以盖板，在盖板的内端设平衡重来维持结构受外荷载作用下的稳定性。同时为了保证棚洞的稳定性，要求悬臂必须伸入稳定的基岩内。

三、独立明洞建筑限界的灵活运用

独立设置的明洞多用于防护崩塌落石、坡面泥石流和雪崩等地质或自然灾害。工点应用场景多为单斜坡或临河谷坡，所以明洞内侧普遍存在扩挖施工及支挡防护困难的问题，外侧则多面临襟边不足或缺失、地基不稳、临河冲刷等问题。由于隧道建筑限界包含检修道或人行道，其限界宽度大于路基宽度（最小值），导致既有道路改建增设独立明洞时，结构基础超出路基范围或内侧结构需要开挖既有边坡，破坏既有内外侧挡墙且施工困难。

隧道建筑限界的检修道或人行道功能是提供运营期检修条件，确保检修人员或行人步行时的安全，同时满足其下放置电缆、给水管等的空间尺寸要求，以及电缆沟排水空间要求，紧急情况时方便驾乘人员拿取消防设备。对于独立设置的明洞，洞内一般不设置照明、机电、通风、消防等设施，也没有电缆、给水管布置需求，仅剩的人行道功能则可以根据现场地形地质条件灵活布置予以满足。

（一）斜坡外侧人行道分离布置

为创造临边机械施工条件或争取基础襟边宽度，应将外侧（临河或下边坡侧）人行道布置于结构立柱外侧，并应采用框架挑梁结合纵向空心板结构，或利用外侧路基宽度增设栏杆提供人行道功能。明洞顶梁应挑出，以防护崩塌落石保护行人安全。

（二）两侧人行道合并分离布置

偏远山区或人行需求较少的明洞，可将两侧人行道合并布置于结构立柱外侧。为了确保行人安全，洞顶横梁需要适当挑出，可通过在洞口外一定距离设置人行横道来实现左右侧人行转换。

第四节 公路隧道防水及排水系统

水是影响隧道正常施工的因素之一，也是影响隧道正常运营的重要因素之一。在建设过程中，地下水不仅会降低围岩稳定（尤其对软弱破碎围岩影响更大），增加开挖难度，增加支护难度和成本，甚至需要采用超前支护或预注浆进行封堵、加固围岩。

另外，如果对地下水处理不当，就会造成较大的危害，如地下水位下降、水环境改变，影响农业生产和生活用水，或被迫停工，影响工程进度等。

在隧道运营期间，地下水可能通过混凝土衬砌的施工缝、变形缝（伸缩缝和沉降缝）、裂缝甚至混凝土孔隙等通道进入隧道中，对衬砌和隧道设备产生腐蚀，造成洞内通信供电、照明等设备处于潮湿环境而易发生锈蚀，或使路面积水或结冰，降低轮胎与路面的附着力，造成打滑，使行车环境恶化，危及行车安全。结冰膨胀和侵蚀性地下水的作用，不仅使衬砌受到破坏，而且使得以上危害更加严重。在寒冷地区（尤其是严寒地区），反复的冻融循环会在衬砌内部造成衬砌混凝土冻胀开裂破坏，引起拱墙变形、破坏。

一、防排水原则

（一）防

防即要求隧道衬砌、防水层具有防水能力，防止地下水透过防水层、衬砌结构渗入洞内，使隧道衬砌、路面、设备箱洞等结构表面无湿润痕迹。

（二）排

排即将已经渗入隧道区域的地下水及路面结构层下的积水排入洞内中心水沟或路侧边沟，减少或消除衬砌背后的水压力，防止积水或冻害的发生，创造良好的防水环境。排得越好，衬砌渗漏水的概率就越小，防水也就越容易；排出路面结构层下的积水，能防止路面冒水、翻浆、结构破坏。

（三）截

截即对易于渗漏到隧道的地表水，应采用设置截（排）水沟、清除积水、填筑积水坑洼地、封闭渗漏点等措施。对于地下水，应采取导坑、泄水洞、井点降水等措施。

（四）堵

堵即以衬砌混凝土为基本防水层，以其他防水材料为辅助防水层，采用注浆或嵌填等方法对隧道围岩裂隙、隧道结构本身存在的渗漏水路径进行封堵，使之不能进入隧道。堵水措施可以较好地保护地下水环境。

二、防排水材料

（一）防水混凝土

①防水混凝土可通过调整配合比，或掺加外加剂、掺合料等措施配制而成，一般分为普通防水混凝土、外加剂或掺合料防水混凝土两类。

②防水混凝土应满足抗渗等级要求，并应根据地下工程所处的环境条件和工作条件，满足强度和抗侵蚀性等要求。

③防水混凝土的工作环境温度不得大于80 ℃；处于侵蚀性介质中的防水混凝土耐侵蚀性要求应根据介质的性质参照有关标准确定。

（二）水泥砂浆

①水泥砂浆包括聚合物水泥砂浆、掺外加剂或掺合料的水泥砂浆。

②水泥砂浆不宜用于地下水有侵蚀性的环境，不应用于受持续振动或温度高于80 ℃的地下工程防水。

③用于水泥砂浆防水层的材料应符合下列规定：

a.应使用硅酸盐水泥、普通硅酸盐水泥或特种水泥，不得使用过期或受潮结块的水泥。

b.砂宜采用中砂，含泥量不应大于1%，硫化物和硫酸盐含量不应大于1%。

c.拌制水泥砂浆用水，应符合现行行业标准《混凝土用水标准》（JGJ 63—2006）的有关规定。

d.聚合物乳液的外观：应为均匀液体，无杂质、无沉淀、不分层，聚合物乳液的质量要求应符合现行行业标准《建筑防水涂料用聚合物乳液》（JC/T 1017—2006）的有关规定。

e.外加剂的技术性能应符合现行行业标准的有关质量要求。

④水泥砂浆主要性能指标应符合表2-5的规定。

表2-5　水泥砂浆主要性能指标

水泥砂浆种类	黏结强度/MPa	抗渗性/MPa	抗折强度/MPa	干缩率/%	吸水率/%	冻融循环/次	耐碱性	耐水性/%
掺外加剂、掺合料的水泥砂浆	＞0.6	≥0.8	同普通砂浆	同普通砂浆	≤3	＞50	10% NaOH溶液浸泡14d无变化	—
聚合物水泥砂浆	＞1.2	≥1.5	≥8	≤0.15	≤4	＞50	—	≥80

注：耐水性指标是指砂浆浸水168 h后材料的黏结强度及抗渗性的保持率。

（三）防水涂料

防水涂料包括无机防水涂料和有机防水涂料。无机防水涂料可选用掺外加剂、掺合料的水泥基防水涂料、水泥基渗透结晶型防水涂料。有机防水涂料可选用反应型、水乳型、聚合物水泥等涂料。

涂料防水层所选用的涂料应符合下列规定：

①应具有良好的耐水性、耐久性、耐腐蚀性及耐菌性；

②应无毒、难燃、低污染；

③无机防水涂料应具有良好的湿干黏结性和耐磨性，有机防水涂料应具有较好的延伸性及较大适应基层变形能力。

（四）排水管材

隧道内排水管主要有环向排水盲管、纵向排水盲管、横向导水管、中心排水管等。

环向排水盲管宜采用弹簧软管或打孔波纹管，且与侧沟或纵向排水盲管相连接，管径不得小于50 mm。

纵向排水盲管宜采用带反滤层的透水管，管径不得小于80 mm。

横向导水管宜采用PVC管或镀锌钢管，管径不宜小于100 mm。

中心排水管宜采用混凝土或钢筋混凝土预制管，管径不宜小于600 mm。

（五）防水材料施工工艺

水基柔性防水材料具备永久性的防水优势。在施工期间，应用水基柔性防水材料所需的工具十分简便，通常以喷涂施工方式或者刷涂施工方式为主，将水基柔性防水材料应用于隧道防水处理初期支护中，或者在二次衬砌施工以后实施。相关操作工艺表现在以下几点：

1.对施工基面提出的要求

在初期支护混凝土基面施工期间，需要确保混凝土表面整洁，无杂物存在，便于材料渗透以及形成结晶体。如果混凝土表面十分光滑的话，除了做好以上处理工作之外，还可以应用凿击以及钢丝刷刷洗的方式检验结构中的裂缝和蜂窝麻面等，这些情况都必须重点整理、补强，然后找平。

2.采取的施工方式

①在施工作业的前期阶段，使用清水对工作面加以浸润，形成内部水分饱和状态，使水泥基渗透结晶型防水涂料利用水分逐渐朝着混凝土结构内部加以渗透。

②依照产品说明书要求对水基柔性防水材料比例进行配置，均匀搅拌，添加水分，使用搅拌机对均匀涂料加以搅拌，搅拌时间大约是3～5 min，搅拌完成的浆料必须在半小时之内用完。

③由于隧道表面（初期支护以及二期支护以后的表面）不再进行找平处理，表面有一定的粗糙度，使用涂刷法进行施工的话难以产生良好效果，因此可以采取喷涂法实施施工作业，此种方式有着良好的便捷性，能够确保工程质量。

3.检查验收以及后期支护

在施工过程中，应采取观察法检验土层喷涂的均匀性，禁止出现漏喷现象，并应依照规定要求实施养护作业，确保养护时间的合理性，而且养护时禁止出现磕碰现象，防止喷涂层产生起皮和裂纹等不良现象。

（六）防水材料的优势

水基柔性防水材料和传统防水材料相比较，性能如下：①有着良好的防水效果。通常情况下，表面防水材料经老化作用以后自身的防水功能逐渐缺失，而水基柔性防水材料性能良好，防水效果极佳，不会被水影响。②不存在和基体的黏结性问题。水基柔性防水材料和无机防水涂料相比较来看有着诸多不同之处，涂层和基层混凝土成为一体，形成了整体防水以及永久性防水，涂层和基层混凝土虽然相互黏合到了一起，不过基于外界环境作用依旧相互分离。③具备自我修复功能。在基层含水的现状下，活性物质得到了良好释放，随水到达基层缺陷处解决问题，弥补缺陷。随着时间的增长，防水效果增强。④汇集雨水，将雨水顺利排出。在隧道防排水工程开展期间，应进一步改善以及创新相关的排水设施和排水系统装置，制定完善的方案，保证排水设施的合理性，减少成本输出，将隧道防排水设施的作用体现出来。

（七）应用防水材料的必然性

要想将隧道防水效果体现出来，增强施工作业质量，关键在于应用性能良好的防水材料，诸如水基柔性防水材料，在隧道防排水施工期间，应合理对水基柔性防水材料加以应用，遵循逐层把关的基本原则，避免产生误差。其一，有利于规避渗水漏水问题的发生。在隧道防排水作业开展期间，若没有加强防排水重视力度以及施工整体质量控制，将会引起各种各样的质量问题，如引起严重的渗水漏水现象，不利于工程正常实施。若在施工现场调查的基础上，合理使用性能良好的防水材料，制订完善的防水施工计划，可规避渗水的出现，促使隧洞工程安全开展。其二，可以保障隧道结构的稳定性。防水施工力度不足引起渗水漏水问题，既会对隧道工程外形美观度产生影响，还会使结构稳定性下降，难以发挥出良好的隧道工程作用。为了避免此类情况出现，就需要依照隧道工程实际掌控防水施工要点，确保隧道结构的稳固性。其三，有利于增强隧道施工质量。渗水漏水现象，除了使结构外表美观性下降之外，还会引起裂缝。针对此项不足之处，施工单位需进一步调查隧道工程施工现场，了解隧道工程具体开展情况，使防水施工材料质量符合要求，保持材料的稳固性，以免产生渗水问题。

三、隧道防排水规定

①隧道应结合衬砌采取可靠的防排水措施，保证使用期内行车安全、设备正常使用。

②隧道防排水应视水文地质条件因地制宜地采取“以排为主，防排、截、堵相结合”的综合治理原则，以达到排水畅通、防水可靠、经济合理、不留后患的目的。

③对于地表水、地下水应采取妥善的处理，使洞内外形成一个完整通畅的防排水系统。一般公路隧道应做到如下要求：

a.拱部、边墙应不滴水；

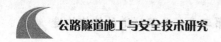

b.路面应不冒水、不积水，设备箱洞处应不渗水，应避免损坏洞内通信、信号、照明等设备；

c.冻害地区隧道衬砌背后应不积水，排水沟应不冻结，应防止围岩冻胀对衬砌的危害、防止有侵蚀性的地下水对衬砌的腐蚀；

d.高速公路、汽车专用公路隧道应达到拱部、墙部及设备箱洞处均不渗水。

④采取隧道洞内外修筑防排水工程措施时，应注意保护自然环境。

四、防水系统

（一）地表及洞口段防水

1.地表及洞口防水

当天然沟谷或灌溉渠通过隧道顶部时，若其渗流影响较大，可考虑改移位置或适当铺砌。

对于洞顶坑洼、洞穴积水地段，应填平整理地表，防止积水下渗。

隧道洞顶及其附近若有井、泉、池塘、水库、水田等，要考虑因修建隧道而造成地表水和地下水位降低、流失井泉干枯，影响居民生活和农田灌溉的可能，应采取相应措施来防止水土流失。

对于隧道工程，首先要重视防止地表水的下渗，其处理措施为填充铺砌、勾补、抹面等。对洞坑穴、钻孔等均应采用防水材料充填密实封闭，对隧道进出口段一定范围内的地表应采用注浆加固措施。当洞顶有沟谷通过，且沟底岩石节理裂隙发育，确认地表水对隧道影响较大时，可采用浆砌片石铺砌沟底，铺砌厚度不小于30 cm。当沟底岩石破碎和隧道埋深浅时，应结合隧道支护设计采用注浆加固措施。

2.明洞防水

明洞外缘防水采用全断面铺设宽幅高分子柔性防水卷材。

洞顶回填土石表面一般应铺设黏土隔水层，且应与边坡搭接良好，以防地表水渗入。隔水层表面应种草防护，以防雨水冲刷。

3.洞门防水

削竹式洞门应沿洞脸环向设置高度不小于30 cm厚的钢筋混凝土帽石，以防雨水漫流，影响美观。

对于带有翼墙的各类隧道洞门及明洞洞门，洞口仰坡坡脚至洞门墙背的水平距离不应小于150 cm，洞门翼墙与仰坡之间水沟的沟底至衬砌拱顶外缘的高度不应小于100 cm，洞门墙顶应高出仰坡坡脚0.5 m以上。

（二）洞内防水

1.防水层

隧道采用复合式衬砌时，在初期支护与二次衬砌之间应设置防水板及无纺布，并设系统盲管（沟）。防水板及无纺布应沿隧道全长边墙基础全断面铺设；无纺布密度应不小于300 g/m^2；防水板应采用宽幅易于焊接的高分子柔性防水卷材，厚度应不小于1.0 mm，接缝搭接长度应不小于100 mm。

隧道初期支护与二次衬砌间的防水层，应选用耐老化、耐细菌腐蚀、易操作且焊接时无毒气的高分子柔性防水卷材，防水层应在拱部和边墙全断面铺设。

对于地下水非常丰富、水压较大地段及不适宜排水的隧道，应采用全封闭的防水衬砌结构。

铺设时基层宜平整、无尖锐物，基层平整度应符合$D<L$的要求（D为初期支护基层相邻两凸面凹进去的深度；L为基层相邻两凸面间的距离）。

初期支护表面的各种突出物和二次衬砌中预埋的各种构件不能凿穿防水层，应采用“无钉铺设”工艺。

土工布在施工中不仅能保护防水板，而且能起到毛细渗水作用。

2.注浆防水

对于在隧道施工可能造成水土流失，影响当地居民生产生活的环境敏感地段，应在查明地下水流性质的基础上，采取针对性的注浆堵水设计，以此达到“以堵为主，限量排放”的目的，最大限度地保证当地居民生产生活用水不受影响。

在地下水丰富，且无排水条件或者排水造价太高，以及不允许排水的情况下，可采用注浆堵水。当隧道埋深在50 m以内时，可考虑采用地表预注浆；当隧道埋深超过50 m时，应采用开挖掌子面预注浆。当隧道施工遇到有高压涌水危及施工安全时，应采用排水方法尽量降低地下水的压力，然后采用高压注浆进行封堵。当有侵蚀性地下水时，应针对侵蚀类型，采用抗侵蚀混凝土，压注抗侵蚀浆液或铺设抗侵蚀防水层。

在围岩破碎、涌水易坍塌地段，宜向围岩内预注浆。在向衬砌背后压浆时，应防止因压浆而堵塞衬砌背后的排水管道。

3.防水混凝土

公路隧道工程混凝土结构应符合《地下工程防水技术规范》（GB 50108—2008）中防水混凝土的有关规定。

隧道二次衬砌应满足抗渗要求。混凝土的抗渗等级：寒冷地区有冻害地段和最冷月份平均气温低于-15 ℃的地区不低于S8，其余地区不宜低于S6。

（三）衬砌各类缝隙防水

1.施工缝的防水

施工缝是衬砌混凝土间隔灌筑时造成的。对“L”形施工缝、企口式施工缝和混凝土表面刷毛的施工缝，其处理方法是在混凝土灌筑后4～12 h，用钢丝刷将接缝处的混凝土表面刷毛，或用高压水冲洗接缝处，直至露出表面石子。在新混凝土灌筑前，应将接缝处理干净，使之保持湿润，可以先刷两道水泥浆，再铺设10 mm厚水泥砂浆（用原混凝土的配合比，除去粗集料；也可掺加膨胀剂），过0.5 h后再灌筑混凝土。对钢板施工缝，其处理方法是，在施工缝处预先埋入2 mm厚并涂刷防锈剂的钢板，灌筑新混凝土时按前述施工缝的灌筑方法进行。防水要求高的拱部可使用塑料止水带代替钢板。

2.变形缝（沉降缝、伸缩缝）的防水

沉降缝是为了防止不均匀沉陷引起衬砌开裂而设置的。在地质条件有显著变化处、明洞与隧道衬砌连接处，均应设置沉降缝。伸缩缝是为了防止因温度变化使混凝土自由伸缩产生裂缝而设置的。由于隧道内温差较小，故除严寒地区外，一般地区在隧道内不设置伸缩缝。变形缝主要用沥青木板、沥青麻筋、沥青、橡胶带或塑料止水带等几种材料进行防水。其中常用的防水材料是沥青木板。将沥青木板塞在两段衬砌之间，在接缝处的外表面挖一条宽12 cm、深6 cm的沟槽，用防水胶油、防水油膏及水泥灰浆等填塞封堵，外表面抹以M10水泥砂浆（水灰比为0.35∶1）。橡胶止水带防水性能质量可靠，可承受较大的相对变形，但价格较贵，可用于防水要求较严格的重要工程。

（四）外贴式防水层

外贴式防水层由沥青和油毡间隔铺贴而成，分为特、甲、乙、丙四种。外贴式防水层的防水效果比较好，但需用沥青粘贴，施工困难，工作人员易中毒，故一般用于明洞的防水。

（五）内贴式防水层

内贴式防水层适用于防止衬砌内表面渗漏或施工缝处的渗漏。若施工处理得当，可获得较好的防渗漏效果。

1.喷水泥砂浆防水层

喷水泥砂浆防水层是在压缩空气的高压作用下，使水泥和砂的混合料在高速喷射下通过水泥枪喷嘴处并与水混合，喷射在已经处理（如凿毛、清洗）的衬砌内表面上，形成坚固且粘贴性较强的砂浆层。喷浆由于采用压力成型，故密实性较好，因而有较好的抗渗性，其抗压强度及抗拉强度亦较高。喷浆防水层厚度一般为12～40 mm，应分层喷涂。喷浆防水层属于刚性防水层，应及时养护并防止开裂，以保证防水效果。

2.五层（四层）抹面防水层

在衬砌表面用素灰层和砂浆层间隔抹面。抹面前混凝土表面应凿毛清理洗刷干净，渗漏水处宜先用防水剂封堵；每层接缝必须留茬，使其搭接良好，抹后应注意养护，以防干裂。现场常用的防水砂浆抹面有氯化铁防水砂浆抹面、石膏矾土膨胀水泥抹面、硅酸钠防水剂砂浆抹面等。

3.阳离子乳化沥青胶乳防水层

喷涂阳离子乳化沥青胶乳防水技术是近年来发展和使用较广的一种新技术。阳离子乳化沥青胶乳能喷在潮湿而不滴水的岩面或混凝土表面上，形成薄膜防水层。其施工简便、速度快，防水效果好，耐腐蚀、耐久性好，适应温度-30～60 ℃，造价较低。喷阳离子乳化沥青胶乳防水层可广泛应用于砌块式衬砌、喷锚混凝土衬砌和模筑混凝土衬砌。

（六）复合式衬砌中间防水层

随着新奥法的逐步推广和应用，隧道复合式衬砌在工程实践中的使用越来越多。在复合式衬砌中间设防水层，是一种效果良好的防水措施。目前，隧道复合式衬砌多采用铺设塑料防水板或喷防水材料薄膜来进行防水，其抗渗性能及抗腐蚀性能均较好。

1.铺设塑料防水板

目前使用的塑料防水薄板有聚氯乙烯（PVC）及聚乙烯（PE）两种，厚度为1.2～2.0 mm。铺设塑料板时应环向进行，不可绷得太紧，以免灌筑混凝土时将薄板胀破。拱部固定点间距为0.5～1.0 m，边墙固定点间距为1.0～1.5 m，固定点到塑料板边缘应不少于5 cm。塑料板环向搭接宽度为10 cm左右，焊缝宽不少于1 cm。在灌筑混凝土衬砌前，必须检查防水层铺设质量，做好记录，发现问题应立即处理。

2.喷防水材料薄膜

喷防水材料薄膜是一种新技术、新工艺，其施工方便、速度快、造价较低。它对喷射混凝土基面及锚杆尾端外露长度无特殊要求，并可克服灌筑混凝土衬砌与喷锚支护之间造成空隙的不利因素，因而适用于复合式衬砌中间防水。现阶段普遍认为，喷涂的防水材料以阳离子乳化沥青胶乳较好。

五、排水系统

（一）洞口段排水系统

1.洞口地表排水

隧道洞口应根据地形、地质、气象等情况，结合环境保护，全面规划，综合治理，因地制宜地设置疏水、截水、引水设施。

洞顶天沟设于边仰坡坡顶以外不应小于5 m，黄土地区不应小于10 m。洞顶天沟一般沿等高线向路线一侧或两侧排水。洞顶天沟坡度应根据地形设置，但不应小于0.5%，以免淤积。当纵坡过陡时，应设置急流槽或跌水连接。一般在地面自然坡度陡于1∶1时，水沟应做成阶梯式，以减少冲刷。土质地段水沟纵坡大于20%或石质地段水沟纵坡大于40%时，应设置抗滑基座，以确保纵向稳定。洞顶天沟断面应根据流入截水沟的汇水区流量确定。水沟深度应高出计算水位20 cm，一般底宽和深度均不小于60 cm。水沟一般采用浆砌片石铺砌，厚度不小于30 cm，断面形式以梯形为主，石质地段可采用矩形。洞顶天沟长度应使边仰坡坡面不受冲刷为宜，下游应将水引至适当地点排泄，避免冲刷山体。流量较大时，不宜将水引入路基排水边沟排泄，应根据地形将水引至附近沟谷或涵洞排泄。

2.明洞排水

明洞应在开挖边坡以外设置天沟。路堑对称型、路堑偏压型应于洞顶设置纵向排水沟，其沟底坡度与路线一致且不小于5%，条件允许时，可在山坡较低一侧拉槽排水。洞顶排水沟一般采用梯形断面，浆砌片石厚度应不小于30 cm，以防冲刷。明洞防水层外侧应间隔2～3 m环向设置干砌片石排水盲沟，盲沟用土工布包裹，直接将水引入墙脚外侧设置的纵向排水花管中。

（二）洞内排水系统

隧道洞内宜按地下水和营运清洗污水、消防污水分开排放的原则设置纵向排水系统，应能保证排水畅通，避免洞内积水。当隧道左右洞涌水量差异较大时，左右洞的排水设施宜统一进行设计。

对围岩裂隙水采用盲沟引排，排水盲沟可采用波纹塑料半圆管、软式透水管、各种新型排水管等，要因地制宜选用。一般3～5 m设一道排水盲沟，突出遵循“有水则设，无水则防”的动态设计原则。二次衬砌环向施工缝、沉降缝、变形缝处宜加设排水盲沟。

分离式隧道可沿全长在二次衬砌两侧边墙脚外侧设置PVC纵向排水半花管，上半断面眼孔直径6～8 mm，间距10 cm，并用PVC排水管横向连通至中心排水沟或排水边沟，PVC管径应根据水力计算确定。

连拱隧道沿全长在中隔墙顶部两侧拱脚和边墙脚附近各设一道PVC纵向排水管，并用PVC排水管横向、竖向连通至中心排水沟或排水边沟。连拱隧道尽可能采用夹心式中隔墙形式，以便能有效地解决中隔墙的防排水问题。

隧道内宜根据公路等级在行车道边缘设置双侧或单侧排水边沟，用于排放清洗和消防用水，同时设置中心排水沟，用于排放地下水。边沟一般采用钢筋混凝土结构，中心排水沟通常采用上半断面打孔双壁波纹塑料管或钢筋混凝土管，水沟的侧面应留有足够的泄水孔。

隧道内路面基层可采用15～20 cm厚水泥处置碎石，以减少路面冒水和排泄地下水，其配合比应按《公路水泥混凝土路面设计规范》（JTG D40—2011）设计；也可采用12～20 cm厚素混凝土，并应在基层顶部或底部设置横向排水盲管。

为了便于对排水管定期采用管道疏通机及时疏通，设计上在二次衬砌墙脚纵向间隔50～100 m对称布设检查维修孔。排水管流出的水经检查孔由横向PVC排水管与中心排水沟管连通排出洞外。隧道内行车道边缘排水沟每50 m设一处铁篦子泄水检查孔，中心排水沟每200～250 m设一处沉沙检查井，并铺设钢筋混凝土盖板。这样排水系统就形成了一个便于维修、疏通、检查且“始终通畅无阻”的网络系统，确保隧道正常运营。

（三）洞内外排水衔接

洞外路基排水边沟至汇水坑以外不小于2 m范围内，除石质坚硬、不易风化者外，均应采用浆砌片石铺砌。

在寒冷或严寒地区应设置保温水沟，出水口应采用保温出水口。洞口检查井与洞外暗沟连接时，其连接暗沟应采用内径不小于40 cm的预制钢筋混凝土圆管，为加大水流速度并防止水流冻结，暗沟坡度应不小于1%，沟身应设置在当地冻结线以下。

当隧道洞口为反坡排水时，应结合实际地形等情况，采用可靠的截水措施，以免路面水流进入隧道和影响行车安全。

（四）排水沟

除了长度在100 m以下，且常年干燥无水的隧道以外，一般的隧道都应设置排水沟，使渗漏到洞内的和从道床涌出的地下水，沿着带有流水坡的排水沟，顺着线路方向引出洞外。排水沟的断面按排水量计算确定，但一般沟底宽不应小于40 cm，沟深不应小于35 cm。沟底纵坡宜与线路纵坡一致。水沟上面应设有预制的钢筋混凝土盖板，其顶面应与避车洞底面齐平。排水沟在一定长度上应设检查井，以便随时清理残渣。

排水沟有两种形式。一种是侧式水沟，这种形式的水沟设在线路的两侧或一侧，视水流量大小而定。当水沟设在线路的一侧时，应设在来水的一侧；若为曲线隧道，则应设在曲线内侧。双侧水沟隔一定距离应设一横向联络沟，以平衡不均匀的水流量。另一种是中心式水沟，当隧道采用整体式道床时，水沟设在线路中线的下方，或设在双线隧道两线路之间。

（五）盲沟

盲沟是修建在衬砌背后的一种排水设施，沿出水点开沟，沟中用干砌片石、卵石等回填作为导水层，使地下水在衬砌背后能集中到沟内排入洞内水沟。

盲沟适用于Ⅳ级及以下的围岩，地下水发育地段。盲沟设置的具体位置，宜选在节理发育、渗漏水较多的地方。盲沟之间相隔的距离，可根据地下水的多少确定，一般为4～10 m。盲沟的断面尺寸，应按照地下水量及洞身超挖情况确定，一般厚度不小于20 cm，宽度为40～100 cm，盲沟内填干砌片石或卵石。若设置盲沟处超挖小于20 cm，应补挖，以满足断面尺寸要求。

为保证盲沟排水效果，可根据工程地质及水文地质情况，在盲沟处向周围地层钻孔，将附近围岩中地下水引向盲沟。当隧道仅拱部地下水较多时，可只做拱部盲沟，用引水槽或水管经边墙泄水孔排至洞内水沟。若仅边墙部分有水，亦可只做竖向盲沟，竖向盲沟亦可根据具体情况设为单侧或双侧。

六、寒冷和严寒地区防排水

寒冷和严寒地区防排水设计主要包括保温水沟、中心深埋水沟和防寒泄水洞。

（一）保温水沟

保温水沟一般适用于寒冷地区，最冷月平均气温为-15～-10 ℃，冻结深度为1～1.5 m，且冬季有水或可能有水的隧道。

保温水沟采用浅埋形式，其覆盖层厚度就是隧道的最大冻结深度。在水沟内应采取保温措施，以达到冬季水流不冻结的目的。保温材料一般采用PU泡沫塑料、沥青玻璃棉等，并采取防水、防潮措施。常规做法是将保温材料四周用塑料薄膜或沥青玻璃布包裹封闭，其长度以方便经常维修为准。

保温水沟一般采用侧沟，其结构形式应结合隧道衬砌断面进行设计。水沟上部应设双层盖板，在上下两层盖板之间应填充保温材料，厚度应不小于35 cm，下部为排水沟。水沟断面要求不小于30 cm×30 cm，沟底纵坡应与隧道纵坡一致。

保温水沟的设置长度应根据隧道的长度、地下水量的大小、水温、隧道所处地区寒冷季节的主导风向及水沟坡度等因素综合确定。隧道长度小于1000 m时应全洞设置保温水沟；大于1000 m时，进出口地段300～400 m范围内均应设置保温水沟。

保温水沟一般每隔50 m设置检查井，并在检查井内设置沉淀池，以方便检查和清淤。

（二）中心深埋水沟

中心深埋水沟是在洞内相应部位的冻结深度以下深置的水沟，通常埋置深度较深，作用原理为充分利用地温使水沟内的水流不冻结，以便顺利排出。中心深埋水沟按常规适用于严寒地区，冻结深度为1.5～2.5 m，且冬季有水的隧道。

中心深埋水沟断面形式的选择，应主要根据隧道地质条件确定；其断面尺寸则应根据水力计算确定。一般情况下，可采用内径不小于40 cm的预制钢筋混凝土圆管。

中心深埋水沟的回填将直接影响水沟的使用功能。水沟一般采用素混凝土基座固定，回填材料除需满足保温要求和方便施工外，施工中先回填厚50 cm左右的尺度3～5 cm的碎石，然后至路面面层底面以下均采用水泥处置碎石排水基层材料或素混凝土回填。

为了便于检查维修，中心深埋水沟应设置沉淀检查井，其间距为200～250 m，断面形状一般为圆形，但也可采用矩形。为防止水流冻结，检查井下应设双层盖板，在两层盖板之间应填塞泡沫塑料或其他保温材料，厚度应不得小于100 cm。

（三）防寒泄水洞

防寒泄水洞一般用于严寒地区（最冷月平均气温低于-25 ℃），当地黏性土的冻结深度大于2.5 m，且冬季有水的隧道。这时采用的深埋水沟埋深较大，明挖施工可能影响边墙的稳定性。

防寒泄水洞一般设置于隧道中心线底部。衬砌结构尺寸应根据工程地质、水文地质条件、埋置深度和公路等级等，主要通过结构计算确定，工程类比仅作为参考。计算时可参照隧道的计算方法，尤其要注意考虑洞内活荷载和冻胀力等的作用。

防寒泄水洞的埋置深度是指行车道边缘最低点至泄水洞顶面的高度，确定其值时应以使其沟内水流不冻结为目标。青海省高寒区大坂山隧道防寒泄水洞的成功实践表明，防寒泄水洞的埋置深度应不小于遂址区当地围岩的最大冻结深度；其次，应满足暗挖施工时不致引起隧底坍塌的要求；此外，应特别注意不能埋置太深，以免造成不必要地延长防寒泄水洞的长度和增加工程造价。

防寒泄水洞的断面尺寸应根据实际泄水量及施工条件等综合确定，一般不小于1.8 m × 1.8 m，防寒泄水洞的纵坡应与隧道纵坡一致。一般情况下应作模筑混凝土衬砌或混凝土预制块衬砌，Ⅰ～Ⅲ级围岩可采用锚喷混凝土作为永久衬砌。

防寒泄水洞衬砌上应设置数量足够的泄水孔或深度较深的泄水钻孔，以充分排除地下水。如果围岩中有细小颗粒可能流失，则衬砌背面应设置反滤层。一般泄水孔直径为ϕ100 mm，环向间距50～80 cm，梅花状布置。泄水孔的深度、角度、位置应根据地下水量的大小及围岩的具体情况确定。一般应沿隧道中心线纵向每隔8～10 m左右设ϕ100 mm的钻孔，将隧道仰拱底部的排水盲沟与泄水洞连通。

一般情况下，隧道进出口各300 m范围内的防寒泄水洞应设置横导洞。横导洞纵向间距为30～50 m，衬砌背面盲沟与横导洞以ϕ100 mm的钻孔连通。

为了便于检查维修，防寒泄水洞应设置检查井，其间距为150～200 m。断面形状一般为圆形，也可采用矩形。为防止水流冻结，检查井下应设双层盖板，并在两层盖板之间填塞泡沫塑料或其他保温材料，厚度应不得小于150 cm。

寒冷和严寒地区的隧道，其中心深埋水沟、防寒泄水洞和洞外暗沟均应设置保温出水口。出水口处地形较陡且地质条件较好时，出水口构造采用端墙式；地形平坦时，应采用掩埋保温圆包头式。

第五节　公路隧道内附属构造物

一、公路隧道附属建筑

（一）设备及检修附属设施

隧道中应设置一定数量的设备洞室，用于放置各种设备，以保障隧道运营的顺畅和安全。设备洞室主要有配电洞室、变压器洞室、灭火器洞室及紧急电话洞室等。

配电洞室设计时应考虑预留足够的放置空间和维护操作空间，同时也应考虑防护要求。配电洞室的尺寸因配电柜的尺寸以及防护要求不同而不同，通常防护等级为IP55。

变压器洞室设计时应结合变压器的实际需要确定尺寸，应预留足够的放置空间和维护操作空间，同时也应考虑防护要求。变压器洞室尺寸的确定应结合变压器的实际情况。

灭火器洞室的空间尺寸可根据放置消防设备的类型有所不同，常见的消防设备有洞内消火栓、水成膜泡沫装置（AFFF灭火装置）、灭火器等。灭火器洞室设计时应考虑预留足够的放置空间和维护操作空间。

紧急电话洞室用于放置紧急电话设施，以便紧急情况下（如交通事故或火灾等）当事者或发现者能及时联系隧道管理人员。紧急电话洞室宜按以下原则设置：

①紧急电话洞室间距不宜大于200 m；

②紧急电话洞室宜设置在紧急停车带或人行横洞处；

③紧急电话洞室应能容纳人体大小，并配隔音门。

（二）紧急停车带

当隧道中行驶的车辆发生故障时应及时离开干道进行避让，以免发生交通事故，紧急停车带就是专供紧急停车使用的停车位置。尤其在长大隧道中，故障车必须尽快离开干道，否则必然引起交通阻塞，甚至导致交通事故。因此，高速公路、一级公路的特长隧道和长隧道，应根据需要设置紧急停车带。为使车辆能在发生火灾时避难和退避，对于10 km以上的特长隧道还宜考虑设置方向转换场地（或称回车道设施）。

紧急停车带的间隔主要根据故障车的可能滑行距离和人力可能推动的距离而定，一般很难断言其距离的大小。例如，小轿车较卡车滑行的距离长，人力推动也较省力：下坡较上坡时滑行的距离长，推动时也省力。依据经验，隧道内紧急停车带的间距一般可取为500～800 m。我国目前参照国际道路会议常设协会（PIARC）的隧道委员会推荐值来确定紧急停车带的有关参数，即超过2 km以上的隧道必须考虑设置宽为2.5 m、长为25～40 m的紧急停车带，间隔为750 m。

（三）横洞和预留洞室

设计规范规定，行车方向分离的双洞公路隧道，当长度超过400 m时，宜设置行人横洞，当长度超过800 m时，宜设置行车横洞，以供巡查、维修、救援及车辆转换方向用。其设置的间距和尺寸如表2-6所示。若隧道长度为400～600 m时，可在隧道中间设一个行人横洞，长度小于400 m时，可不设行人横洞；当隧道长度为800～1000 m时，可在隧道中间设一行车横洞，长度小于800 m时，可不设行车横洞。

横洞的衬砌类型一般应和隧道相应部位衬砌类型相同，行人横洞的底面应与人行道或边沟盖板顶面平齐。行车横洞两端应与路缘带顺坡，并应设半径不小于5 m的转弯喇叭口。另外，500 m以上的高速公路、一级公路隧道，宜单独设置存放专用消防器材的洞室，并设置明显标志。

表2-6　横洞间距尺寸　m

名称	间距	尺寸	
		宽	高
行人横洞	200～300	2.0	2.2
行人横洞	400～500	4.0	4.5

（四）设施预留槽

公路隧道的电缆槽与铁路隧道的电缆槽在构造上基本相同，但由于公路隧道的照明与通风标准比铁路隧道要求高，因此电缆槽所需空间通常要比铁路隧道大，并且应按动力电缆（又称“强电”）和通信电缆（又称“弱电”）分别放置在隧道两侧。

此外，公路隧道还需留有设置消防水管的位置，在城市地区的交通隧道，还需留有通过其他市政管道（如自来水管、排污管等）的位置，这类管道通常与通信电缆一起放置在隧道一侧，因此在名称上称为“其他设施预留槽”更确切。

（五）电力及通信设施

1.电缆槽

穿越隧道的各种电缆，如照明、通信、信号以及电力等电缆，必须有一定的保护措施，如设置电缆槽来防止其潮湿、腐烂等。

电缆槽应用混凝土浇筑，可紧靠水沟并行设置，且位于轨道一侧，或设置在水沟的异侧（当为单侧水沟时）。槽内铺以细沙做垫层，低压电缆可直接放在垫层面上，高压电缆则吊在槽边预埋的托架上。槽顶设有盖板防护，盖板顶面应与避车洞底面或道床顶面齐平。当电缆槽与水沟同侧并行时，应与水沟盖板齐平。通信、信号电缆可设在一个电缆槽内，也可以分设，但必须和电力电缆分槽设置。

电缆槽在转折处，应以半径不小于1.2 m的曲线连接，以免电缆弯曲而折断。

当隧道长度大于500 m时，需在设有电缆槽的同侧大避车洞内设置余长电缆槽。设置方式为：当隧道长度为500~1000 m时，在隧道中间设置一处；当隧道长度在1000 m以上时，则每隔500 m设置一处。

2.信号继电器箱洞和无人增音站洞

隧道内如需设置信号继电器，则应在电缆槽同侧设置信号继电器箱洞，其宽度和深度均为2 m，中心宽度为2.2 m。

在隧道内设置无人增音站时，其位置可根据通信要求确定，也可与大避车洞结合使用；如果不能结合时，则另行修建，其尺寸同大避车洞。

电力牵引的长隧道，如果需设置存放维修接触网的绝缘梯车洞时，宜利用施工辅助坑道或避车洞修建，其间距约为500 m。

二、公路隧道内防护与装饰

（一）隧道内装

未经内装的混凝土衬砌表面，特别容易吸附汽车引擎排出的废气中的黏稠油分，并与烟雾、尘埃一起粘在表面上。在隧道内潮湿、漏水的情况下，这种污染的过程十分短暂，能使墙面的反光率降到极低的水平。

为了改善隧道内的环境，提高照明效果和吸收噪声，墙面需用适当的材料加以内装处理，以提高墙面的反射率，增加照明效果。内装材料表面应当是光洁的，颜色应当是明亮的。人眼对波长555 nm的黄绿光最为敏感，所以内装材料应尽量采用淡黄和浅绿色。作为背景的墙面，要能衬托出障碍物的轮廓，具有良好的反射率，减少眩光，并使这种反射呈漫反射。

装修材料应具有不易污染、易清洗、耐刷、耐酸碱、耐腐蚀、耐高温、便于更换或修复等特点，经过内装的墙面表面应该光滑、平整和明亮。

另外，装修材料还应具有吸收噪声的作用。消除隧道内的噪声是极其困难的课题之一，隧道内噪声源主要来自两方面——通风机产生的噪声和汽车行驶时引擎发出的噪声。

通常用于隧道的张贴内装材料有：

①块状混凝土材料。此类材料表面粗糙，容易污染而且不好清洗，但衬砌表面不需特殊处理即可设置，比较经济。

②饰面板、镶板等质地致密材料。此类材料的优点有：不容易污染，清洗效果好，洗净率高；板背后的渗漏水很隐蔽，即使外露也容易洗净；各种管线容易在板背后隐蔽设置；板背后的空间有利于吸收噪声。

③瓷砖镶面材料。此类材料的特点：表面光滑，容易洗净且效果良好；要求衬砌平整，以便镶砌整齐；隧道漏水部位可以考虑用排水管道疏导；镶面后面可以埋设小管线；但这种材料没有任何吸声作用。

④油漆材料。此类材料的特点：比块状混凝土材料容易清洗，但不及其他两种材料；对衬砌表面要求很高，需要压光、平整；隧道不能有漏水现象，浸湿的油漆损坏很快；这种材料也没有吸声作用。

随着建筑材料工业技术的发展，新材料相继出现，许多新型材料都可以使用。用于内装的新材料应具有以下特性：耐火性，在高温条件下仍能维持原状，不燃烧、不分解有害成分等；耐蚀性，长期在油垢及有害气体作用下不变质，在洗涤剂等化学物质作用下不被侵蚀；不怕水，大多数隧道都存在漏水问题，应满足在水的浸泡下，在潮湿环境中不变质、不霉烂；材料来源广泛，价格相对便宜，因隧道是大型构造物，用材量很大，所以价格高昂的材料不适于用作隧道内装。

（二）隧道顶棚

顶棚的反射率对提高照明效果有利，经过顶棚的反射光使路面产生二次反射，能明显增加路面亮度。顶棚用漫反射材料可以避免产生眩光，其颜色的明亮程度直接影响到路面亮度，所以应该是浅色的，但是又应有别于墙面，可以在色调和饱和度上有所不同。

顶棚是背景的一部分，特别是在有坡度处和变坡点附近对识别障碍物和察觉隧道内异常现象颇有帮助。

美国在改造早期修建的旧隧道时，为了提高隧道内的亮度水平，曾在顶棚上用瓷砖镶面。其结果是一方面产生严重的闪烁现象，另一方面顶棚很快变脏，清洗工作很不方便。由于脏的过程很短，所以不能获得稳定的反射亮度，这是需要今后进一步探索的问题。

顶棚可以美化隧道，特别是与整齐排列的灯具相互衬托，更可以起到美化的效果，并有明显的诱导作用。

根据实际需要，可以把顶棚做成平顶或者拱顶：在自然通风或诱导通风时，可以用拱顶；在半横向或横向通风时，可以用平顶。顶棚以上可以作为通风道和供管理人员使用的通道，因此设计荷载可按（据国外资料）10MPa考虑。

（三）隧道路面

公路隧道内的路面，要求使用周期长，养护费用低，故常选用高等级路面，宜采用水泥混凝土路面，其与墙部连接处应设置变形缝，路面也应相应地设置变形缝。

公路隧道行车道路面设计，应符合《公路水泥混凝土路面设计规范》（JTG D40—2011）和《公路路面基层施工技术细则》（JTGT F20—2015）的有关规定。

公路隧道行车道路面修补较为困难，因此要求施工时必须满足质量要求。隧道内路面的抗磨耗性、抗滑性、平整度都将影响营运后的车辆通行能力，故施工时应严格控制质量要求。高寒地区隧道路面上易形成薄溜冰，为了行车安全，路面应具有足够的粗糙度。

隧道通过软硬围岩交界处的衬砌设置沉降缝。为了不因衬砌下沉而拉裂路面，当路面上的横向伸缩缝、施工缝靠近衬砌的沉降缝时，应同衬砌沉降缝设在同一断面上。隧道洞内光线较暗，应尽可能提高路面亮度，如采用白水泥、白色碎石等材料。沥青混凝土为黑色，对洞内照明不利，采用时应慎重考虑；若洞内不是干燥无水，也不宜采用沥青混凝土路面。

公路隧道路面拉毛压槽作业如果不当，会使水泥浆体剥离路面，形成水泥渣，水泥渣在营运中经汽车碾压会变成尘埃，对洞内交通环境造成污染，因此施工时应予重视，使之符合技术规定。

对隧道内路面的讨论是在其具有足够强度和耐久性的前提下进行的。公路隧道内路面的特殊要求如下：

①路面材料应具有抵御水的冲刷和含有化学物质的水的侵蚀的能力。路面的坡度应能迅速排除清洗用水。

②因为车辆在隧道内的减速及制动次数较高，横向抗滑要求更高，故路面应能确保车体横向稳定。

③隧道内环境差，交通组织困难，因此对路面的要求是容易修补。

④路面必须漫反射率高，颜色明亮，才能获得良好的照明效果。路面作为发现障碍物的背景，比墙面和顶棚有更大的、关键性的作用。

第三章　公路隧道的施工准备

施工准备就是根据隧道的不同情况，做好现场调查研究、核对设计文件和具体编制施工组织设计等工作。隧道施工时如果遇到不良地质情况，轻则拖延工期，增加建设成本，重则能够威胁一线施工人员的生命安全，因此，在隧道施工前做好准备工作显得尤为重要。本章分为三部分，主要内容包括隧道施工前的准备工作、公路隧道施工现场调查事项、公路隧道施工的方法及选择。

第一节　隧道施工前的准备工作

一、技术准备

在隧道施工之前，施工的技术准备特别重要，它是开工后施工的指导，技术准备越充分，以后的施工就越顺利。

（一）深入工地调查

主要调查和预测隧道施工可能对地表和地下已设结构物的影响；对交通运输条件和施工运输便道进行方案比选；施工场地布置与洞口相邻工程弃渣利用、农田水利、征地的关系；建筑物、道路工程、水利工程和电力、电信线等设施的拆迁情况和数量；调查和测试水源、水质并拟定供水方案；天然筑路和衬砌材料（石料、砂土）的产地、质量、数量和供应方案；可利用的电源、动力、通信、机具车辆维修、物资消防、劳动力、生活供应及医疗卫生条件；当地气象、水文资料及居民点的社会状况；施工中和营运后对自然环境、生活环境的影响及需要采取的保护措施。

（二）全面熟悉设计文件

要安排技术人员会同设计单位对现场进行核对，掌握工程的重点和难点，了解隧道方案的选定及设计经过；重点复查对隧道施工和环境保护影响较大的地形、地貌、工程地质及水文地质条件是否符合实际、保护措施是否恰当；核对隧道平面、纵断面设计，了解隧道与所在区段的总平面、纵断面设计的关系；核对洞口位置、式样、衬砌类型是否与洞口周围环境相适应；核对设计文件中确定的施工方法、技术措施与实际条件是否相符合；核对洞外排水系统和设施的布置是否与地形、地貌、水文气象等条件相适应；交接和复查测量控制点、施工的基准点及水准点，并定期进行复核。

（三）编制施工组织设计

施工组织设计是指在施工前，根据设计人员、业主和监理工程师的要求以及主客观条件，对工程项目施工的全过程所进行的一系列筹划和安排。公路施工组织设计是指导公路施工的基本技术经济文件，也是对施工实行科学管理的重要手段。编制施工组织设计的目的在于全面、合理、有计划地组织施工，从而具体实现设计意图，按质、按量、按期完成施工任务。实践证明，一个工程如果施工组织设计编制得好，并能得到认真执行，施工就可以有条不紊地进行，否则将会出现盲目施工的混乱局面，造成不必要的损失。

1.编制原则

①严格遵守合同签订的或上级下达的施工期限，保质保量按期完成施工任务。对工期较长的大型项目，可根据施工情况，分期分批进行安排。

②科学、合理地安排施工顺序。在保证质量的基础上，尽可能缩短工期，加快施工进度。

③采用先进的施工方法和施工技术，不断提高施工机械化、预制装配化程度，减轻劳动强度，提高劳动生产率。

④应用科学的计划方法确定最合理的施工组织方法，根据工程特点和工期要求，因地制宜地采用快速施工、平行作业的方法。对于复杂的工程应通过网络计划确定最佳的施工组织方案。

⑤落实季节性施工的措施，科学安排施工计划，组织连续、均衡的施工。

⑥严格遵守施工规范、规程和制度，认真按照基本建设程序办事，根据批准的设计文件与工期要求安排进度。严格执行有关技术规范和规程，提出具体的质量、安全控制和管理措施，并在制度上加以保证，确保工程质量和作业安全。

2.主要程序和内容

（1）主要程序

需要遵守一定的程序，根据合同要求和施工现场的具体条件，按照施工的客观规律，协调和处理好各个影响因素的关系，用科学的方法进行编制。

（2）主要内容

①工程概述。工程概述包括：简要说明工程项目、施工单位、业主、监理机构、设计单位、质检单位名称，合同开工日期和竣工日期，合同价；简要介绍项目的地理位置、地形地貌、水文、气候、交通运输、水电供应等情况；介绍施工组织机构设置及职能部门之间的关系；说明工程的结构、规模、主要工程量；说明合同的特殊要求；等等。

②施工技术方案。施工技术方案包括施工方法（特别是冬期和雨期以及技术复杂的特殊施工方法），施工程序（重点是施工顺序及工序之间的衔接），决定采用的新技术、新工艺、新材料和新设备，技术安全措施、质量保证措施等。

③施工进度计划。施工进度计划主要是对施工顺序、开始和结束时间、搭接关系进行综合安排，包括以实物工程量和投资额表示的工程的总进度计划和分年度计划以及所需用的工日数和机械台班数。

④施工总平面布置。施工总平面布置必须以平面布置图表示，并标明项目建设的位置、生产区、生活区、预制厂、材料场、爆破器材库等的位置。

⑤劳动力需要量和来源。劳动力需要量包括总需要量和分工种、分年度的需要量。

⑥施工现场平面布置。

⑦施工机械、建筑材料，施工用水、用电的分年度需要量及供应方案。

⑧便道、防洪、排水和生产、生活用房屋等设施的建设及时间要求。

⑨施工准备工作进度表。施工准备工作进度表包括各项准备工作的负责单位、完成时间及要求等。

施工组织设计用文、图、表三种形式表示，互相结合，互相补充。凡能用图表来表示的，应尽量采用图表。因为图表便于“上墙”，能形象、准确、直观地说明问题，有利于指导现场施工。

二、设备准备

在施工的技术准备完成之后，可以按照施工组织设计的要求，根据不同的施工方法，对施工的设备进行准备。

（一）一般钻眼机具

隧道工程中常使用的凿岩机有风动凿岩机和液压凿岩机，另有电动凿岩机和内燃凿岩机，但较少采用。其工作原理都是利用镶嵌在钻头体前端的凿刃反复冲击并转动破碎岩石而成孔。有的凿岩机可通过调节冲击功大小和转动速度来适应不同硬度的石质，达到最佳成孔效果。

1.钻头和钻杆

钻头直接连接在钻杆前端（整体式）或套装在钻杆前端（组合式），钻杆尾则套装在凿岩机的机头上，钻头前端则镶入硬质高强耐磨合金钢凿刃。

凿刃起着直接破碎岩石的作用，它的形状、结构、材质、加工工艺是否合理都直接影响凿岩效率。

凿刃的种类按其形状可分为片状连续刃及柱齿刃（不连续）两类。片状连续刃又有一字形、十字形等几种布置形式；柱齿刃又有球齿、锥形齿、锲形齿等形状之分。

2.风动凿岩机

风动凿岩机俗称风钻，它以压缩空气为驱动力，具有结构简单、制造维修简便、操作方便、使用安全的优点。

但压缩空气的供应设备比较复杂，能耗大，凿岩速度比液压凿岩机低。

3.液压凿岩机

液压凿岩机以电力带动高压油泵，通过改变油路，使活塞往复运动，实现冲击作用。液压凿岩机与风动凿岩机比较，具有以下主要特点。

①动力消耗少，能量利用率高。液压凿岩机动力消耗仅为风动凿岩机的1/3～1/2；能量利用率，液压凿岩机可达30%～40%，风动凿岩机仅有15%。

②凿岩速度快。液压凿岩机比风动凿岩机的凿岩速度快50%～150%。在花岗岩中，纯钻进速度为170～200 cm/min。

4.凿岩台车

将多台凿岩机安装在一个专门的移动设备上，实现多机同时作业，集中控制，称为凿岩台车。

凿岩台车按其走行方式可分为轨道走行式、轮胎走行式和履带走行式三种，按其结构形式可分为实腹式和门架式两种。

实腹式凿岩台车通常为轮胎走行，可以安装1～4台凿岩机及一支工作平台臂。其立定工作范围为宽10～15 m，高7～12 m，分别可适用不同断面的隧道中。但实腹式凿岩台车占用坑道空间较大，需与出渣运输车辆交会避让，占用循环时间，尤其是在隧道断面不大时，机械避让占用的非工作时间就更长，故实腹式凿岩台车多应用于断面较大的隧道中。

（二）喷射混凝土机械设备

在新奥法施工中，喷射混凝土的机械设备是必不可少的，因为使用混凝土喷射机可按一定的混合程序将掺速凝剂的细石混凝土喷射到岩壁表面上，并迅速固结成一层支护结构，从而对围岩起到支护作用。

1.喷射机

它是喷射混凝土的主要设备，国内已有多种鉴定定型产品，且各有特点，可以视施工的具体情况选用，但要以保证喷射混凝土的质量，减少回弹和粉尘，控制施工成本，提高工作效率为前提。常用的干式喷射机有双罐式喷射机，转体式喷射机和转盘式喷射机。

新研制的湿式喷射机有挤压泵式、转体活塞泵式、螺杆泵式喷射机，这些泵式喷射机均要求混凝土具有较大的流动性（水灰比大于0.5，砂率大于20%），其机械构造较为复杂，易损件使用寿命短，机械使用费高，机械清洗和故障处理较麻烦，目前现场使用较少，有待进一步改进推广。

2.机械手

喷头的移动和喷射方向距离的控制，可采用人力直接控制或机械手控制。人力直接控制一般只用于解决少量喷敷和局部喷敷；机械手控制方便灵活，工作范围大，可覆盖140 m^2。

三、组织准备

施工企业通过投标方式获得工程施工任务后，应根据签订的施工合同的要求，迅速组建符合本工程实际的施工管理机构，组织施工队伍进场施工。同时，为保证工程按设计要求的质量、计划规定的进度和低于合同运价的成本，安全、顺利地完成施工任务，还应针对施工管理工作复杂、困难多的特点，建立一整套完善的施工管理制度，采用科学的管理方法，切实有效地开展工作。

施工组织准备工作的主要任务是：组建施工项目经理部；选配强有力的施工领导班子和施工力量；强化施工队伍的技术培训。

（一）机构组建和人员配备

这里的施工机构是指为完成公路施工任务负责现场指挥、管理工作的组织机构。根据我国具体情况及以往的公路施工经验，施工机构一般由生产系统、职能部门和行政系统等组成。

人员配备方面主要有以下几点要求：

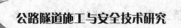

①根据工程规模、工期和技术难度等条件配备相应的管理、技术、测量、试验、环保、专职安全检查和质量监督人员，复杂地质条件下的隧道、长隧道及特长隧道必须配备地质工程师。

②隧道施工的钻孔爆破、弃渣外运、初期支护、模筑衬砌等作业均应安排专业队伍进行施工，施工前应根据进度计划、技术水平等制订详细的班组调配计划，及时组织人员，安排施工，满足流水需要。

③从事隧道施工的各类特殊岗位人员均应持证上岗，并定期对劳务人员进行培训、安全教育和技术交底，经相关单位考核合格后，方能上岗。

④施工单位应向作业人员提供必需的安全防护用具，包括安全帽、安全带、口罩、耳塞、防护服、定位卡等，应在洞口安装安全镜，并应经专职安全员检查，满足进洞要求后，方能进洞作业。

（二）建立健全各项管理制度

1.施工计划管理制度

施工计划管理工作是施工管理工作的中心环节，其他管理工作都要围绕施工计划管理工作来开展。施工计划管理包括编制计划、实施计划、检查和调整计划等环节。由于公路施工受自然条件的影响大，其他客观情况的变化也难以准确预测，这就要求施工计划必须经过充分调查研究后才能制订，同时在执行过程中应随时检查，发现问题要及时采取措施解决，必要时还应对计划进行调整修改使之符合新的客观情况，保证计划的实现。

2.施工技术管理制度

施工技术管理是对施工技术进行一系列组织指挥、调节和控制等活动的总称。其主要内容包括施工工艺管理、工程质量管理、施工技术措施计划、技术革新和技术改造、安全生产技术措施、技术文件管理等。要搞好各项施工技术管理工作，关键是建立并严格执行各种施工技术管理制度，只有执行施工技术管理制度，才能很好地发挥施工技术管理作用，圆满地完成施工技术管理的任务。

3.施工成本管理制度

施工成本管理是施工企业为降低施工成本而进行的各项管理工作的总称。施工成本管理与其他管理工作有着密切的联系，施工企业总的技术水平和经营管理水平的高低，均能直接或间接地反映在成本这个指标上。施工成本的降低，表明施工企业在施工过程中活劳动（支付劳动者的报酬）和物化劳动（生产资料）的节约。活劳动的节约说明劳动生产率的提高，物化劳动的节约说明机械设备利用率的提高和建筑材料消耗率的降低。因此，建立施工成本管理制度，加强对施工成本的管理，不断降低工程造价，具有十分重要的意义。

4.施工安全管理制度

安全生产关系到人民群众的生命和财产安全，关系到改革发展和社会稳定的大局。加强施工安全、劳动保护对公路工程的质量、成本和工期有重要意义，也是企业管理的一项基本原则。其基本任务是：正确贯彻执行“以人为本”的思想和“安全第一、预防为主、综合治理”的方针，建立安全施工责任制，加强安全检查，开展安全教育，在保证安全施工的条件下，创优质工程。

四、施工现场准备

（一）开展超前地质预报

在隧道施工前，为了更好地了解隧道施工前方的水文地质情况及工程地质情况，确保工程施工的顺利进行，减小地质灾害的发生概率，应在工程地质条件较差的隧道施工前开展超前地质预报工作，采用物探和钻探的方式，探测隧道开挖一定范围内围岩的工程地质水文情况，从而在施工前掌握开挖工作面前方的岩体性质、结构、状态以及地下水的发育情况、地应力情况等工程地质信息，为隧道的施工提供超前指导，以避免隧道施工及正常使用过程中发生危及施工人员及通行车辆人员生命财产安全的事故。

1.超前地质预报的主要内容

超前地质预报主要有地质岩性预测预报、地质构造预测预报、不良地质预测预报以及地下水预测预报。其中，地质岩性预测应加强对破碎地层、软弱夹层、煤层及特殊岩土的预测预报；地质构造预测应加强对节理密集带、断层以及褶皱轴等对岩体完整性有影响的构造的预测预报；不良地质预测应加强对人为坑洞、岩石溶洞及瓦斯的发育情况的预测；地下水预测应加强对富含水的断层、褶皱轴、裂隙水发育情况的预测。

2.超前地质预报的方法

超前地质预报的方法有很多，主要包括超前钻探法、物探法、超前导坑法等。其中物探法根据采用仪器的不同又分为地质雷达法与地震波反射法。

（1）超前钻探法

超前钻探法是通过采用冲击钻或回转取芯钻在开挖工作面前方进行钻探

以获取前方地质信息的一种超前地质预报手段。超前钻探法的适用范围广泛，可用于任何地质情况下的超前地质预报。一般在采用超前钻探法进行超前地质预报时，应将冲击钻和回转取芯钻结合使用。一般地段采用冲击钻，冲击钻无法取芯，但是可通过冲击钻的转速，钻进的速度、声音以及浆液的颜色来粗略判断前方的地质情况；回转取芯钻可以提取岩芯，能够准确断定地层变化的里程。

（2）物探法

物探法是利用弹性波或电磁波在不同介质中所产生反射波的不同特性来判断开挖工作面前方地质情况的超前地质预报方法。现在普遍应用的主要有基于弹性波反射的地震波反射法以及基于电磁波反射的地质雷达探测法。

①地震波反射法。地震波反射法利用的是爆炸产生的地震波向地下深部传播时，在两种不同地质的接触面上会发生反射，且地震波在不同的地质体中传播速度不同的特性。采用地震波反射法时，在隧道洞身一侧等间隔钻取炮孔，并在隧道洞身两侧钻设检波器孔，依次引爆炸药激发产生地震波，当地震波在围岩中传播遇到不良地质情况时，反射的信号被检波器接收，经特定的软件处理，即可获得掌子面前方不良地质体的位置。地震波反射法每次预报距离可达到300 m，是一种长距离超前地质预报方法。

②地质雷达法。地质雷达法在原理上与地震波反射法有所不同，地质雷达法主要是通过天线发射雷达产生电磁波（地震波反射是通过爆破产生地震波），电磁波在前方遇到非均匀介质面时会在不同介质的过渡面上发生反射，天线接收到反射的电磁波后，传输至处理器，处理器将该信号进行放大、滤波等一系列处理后传输至计算机，在计算机中对接收到的信号进行编码，以灰色电平图的方式显示出来，经过后处理软件的处理，获得能够解读的地质雷达扫描图，技术人员即可通过地质雷达扫描图判定隧道掌子面前方是否存在不良地质情况。地质雷达法操作较方便，一般不会影响施工的进度，但地质雷达法的预报距离只能达到地震波反射法预报距离的1/10，且预报内容的多样性不及地震波反射法。

（3）超前导坑法

超前导坑法，顾名思义，即在隧道开挖前，通过采用超前导坑提前探明开挖面前方地质情况的一种超前地质预报手段。超前导坑法有两种方式，一是平行超前导坑法，二是正洞超前导坑法。距离较近的两座隧道可互相作为另一隧道的超前导坑，以先施工的隧道的地质情况预测后开挖隧道的工程地质及水文地质条件。

（二）开展隧道监控量测

隧道监控量测即在隧道施工的过程中，采用全站仪、水准仪、收敛计等量测工具对地表沉降、拱顶下沉、断面净空变化及支护体系受力情况进行采集与分析，实时监控围岩的变化情况及支护结构的受力情况，并对围岩位移变化进行预测，以监控量测数据分析结果作为调整施工进度与支护结构设计的重要依据，并给出复合式衬砌中二次衬砌的施作时间。

1.监控量测的基本内容

隧道的安全施工离不开科学合理的监控量测，在隧道施工前，设计单位不仅需要提供施工图，还应提供监控量测设计，施工单位应根据设计方提供的监控量测设计编制待建隧道监控量测实施方案。监控量测人员应根据该隧道监控量测实施方案开展隧道的施工监控。隧道监控量测项目按其必要性分为必测项目和选测项目。

2.监控量测的机理

早期隧道的设计和施工主要是依据经验法，后来理论计算和建立仿真模型开始运用于指导地下空间建设的设计与施工。可目前来看，过于理论化会导致计算结果与实际工程不一致，主要原因是岩土工程问题的复杂性及不确定性在理论计算中很难考虑周全。所以为了确保隧道施工的质量，在建设过程中要及时进行监控量测，收集施工的现场最新资料，并进行动态分析，同时做好反馈评价，确保实际工程施工的质量、安全和效率。

监控量测项目包括必测项目和选测项目应两大类，选测项目根据工程规模、地质条件、隧道埋深、开挖方法及其他特殊要求来进行选择。其中必测项目包括地质和初期支护状况观察、周边位移、拱顶下沉、建筑物下沉、建筑物倾斜、地表下沉六项，测试精度及量测间隔时间应按照规范执行。各项量测作业均应持续到变形基本稳定后15～20 d结束。监控量测采用全站仪施测，控制点的高程用精密水准仪测定。

监控量测的目的和意义如下：

第一，通过对开挖过程实时控制，监控量测使施工单位能客观、真实、全面地掌握隧道围岩、支护结构以及围岩的关键性指标，确保整个施工的安全。监控量测结果在一定程度上也可以作为处理纠纷的依据。

第二，掌握隧道支护，根据已完成段的测量数据，判断下一阶段围岩的变形和应力情况，及时修改支护参数，确保围岩的变形量和发挥围岩的自稳性。

第三，监控量测可以研究支护参数、洞口段地表沉降与周围土体变形的影响，进一步完善前期设计，调整施工方法，确保隧道上部地表的沉降符合规范和稳定性要求。

第四，分析影响地表和围岩变形的因素，可以有针对性地修改隧道施工参数和调整施工要求。

第五，通过对附近结构物和地下市政设施的监控，分析其受隧道施工的影响程度，判断是否应当采取或者选择何种加固措施防护。尤其是一些在城区高等级公路下方的修建项目，周边地物对施工比较敏感，必须加强监测确保周边安全。

3.断面及观测点布置原则

在隧道施工前，应在隧道下穿建筑物、浅埋地段布设地表沉降观测点，且地表沉降观测点应与洞内的拱顶沉降观测点及净空收敛变化观测点处在同一断面上。地表沉降观测点纵向间距应根据隧道埋深、开挖宽度及高度确定。在布设地表沉降观测点时，横向间距宜控制为2～5 m。距离隧道中线越近，观测点应越密集。当存在对地表沉降控制严格的建筑物时，应加密地表沉降观测点的间距，并加宽布设的范围。

拱顶下沉观测点应与净空收敛变化观测点处在同一断面上，且当地表布置有地表沉降观测点时还需与地表沉降观测点处于同一断面。当在建隧道只需布设一处拱顶沉降观测点时，一般把该观测点布置在隧道中心的拱顶处。当隧道开挖跨度过大，需要增设拱顶沉降观测点时，应沿隧道中心轴线对称增设观测点。

隧道净空收敛测线布置一般可根据开挖的方式确定，特殊地段需增设测线，不同监控断面的观测点应尽可能布设在断面的同一位置处，且同一断面观测点应布置在对称位置上。

4.监控量测的常用方法

现阶段，对隧道拱顶下沉及净空收敛变化的监控一般有两种方法，一种是接触量测，另一种是非接触量测。其中非接触量测主要采用全站仪结合粘贴反光片的预埋件进行量测，接触量测主要采用精度达到0.1 mm的收敛计。

采用收敛计量测开挖后隧道的净空收敛变化较为方便，精度也较高。在隧道开挖后，应在开挖轮廓周边布设对称的固定点，固定点下端必须固定在围岩内，严禁将固定点下端布设于初期支护中，每次测量时只需测出两点之间的净长L，两次量测之间的差值即为隧道该处的净空收敛变化值。测量时应读数三次取其平均值，以减小偶然误差。

采用全站仪进行监控量测时可采用自由设站和固定设站两种方式。量测时不需要接触监控点，监控点一般采用反射片作为测点靶标。这种反射片表面存在一种具有强反射能力的膜片，可以反射全站仪发出的光线。该型反射片使用方便且价格较为低廉。使用时将反射片牢牢贴于量测断面的预埋件上，并对其采取相应的保护措施，避免施工过程中碰触预埋件或覆盖反射片。

同时，在开展隧道监控量测工作时，需要施工方配合，严禁施工中碰触预埋件。采用全站仪量测时，可以得到隧道内不同时刻监控点的三维坐标，通过不同时刻监控点的三维坐标即可计算得到隧道净空收敛变化值。采用全站仪的方式进行监控量测时，需要定期对全站仪进行校核，以保证测试精度。一方面，采用全站仪量测，能够获得监控点更全面的三维坐标，且在数据处理方面更加便捷。另一方面，大部分测点无须进入隧道内即可进行测量，工作量较传统的接触量测方式大大减少。

拱顶下沉量测是隧道监控量测另一项至关重要的必测项目，其变化趋势能直接反映围岩变形情况及初期支护、临时支护结构的工作状态。精密水准仪和铟钢尺是目前拱顶下沉量测常用的工具。在对拱顶下沉进行量测时，一般只需在隧道拱顶中心线处布设一个测点，在大断面隧道的施工中，为了保证数据的准确性，一般应在中心线左右各增设一个测点。布设的拱顶量测测点大小应适中，如果测点过大，施工过程中极易对测点造成破坏；如果测点过小，量测时不宜找到该测点。施工中一旦测点被掩埋或发生偏移，应及时补设测点，以保证持续获得不间断的拱顶沉降数据，为隧道的施工提供指导。

（三）建造临时设施

1.仓库

仓库是为存放施工所需要的各种物资器材而设的。按物资的性质和存放量要求，其形式可以是露天敞棚、房屋或库房。仓库物资储存量应根据施工条件通过计算确定：一方面应保证工程施工的需要，有足够的储量；另一方面又不宜储存过多，以免增加库房面积，造成积压浪费。

为了保证物料及时顺利地卸入库内和发放使用，仓库必须设计有足够的卸装长度。在保证安全的条件下，应将仓库设在交通方便的地方，并利用天然地形组织装卸工作。对于材料使用量很大的仓库，应尽量靠近使用地点。

2.临时房屋设施

临时房屋设施包括行政办公用房、宿舍、文化福利用房及作业棚等。临时房屋设施的需要量根据职工与家属的总人数和房屋指标确定。临时房屋修建的一般要求是布置要紧凑，充分利用非耕地，尽量利用施工现场或附近已有的建筑物。必须修建的临时房屋，应以经济、实用为原则，合理选择形式（如装拆式、移动式建筑）以便重复使用。

3.临时交通便道

在正式施工前，必须解决好场内外的交通运输问题。在工地布设临时交通便道时应遵循下列原则：

①临时交通道路以最短距离通往主体工程施工场所，并连接主干道路，使内外交通便利。

②充分利用原有道路，对不满足使用要求的原有道路，应在充分利用的基础上进行改建，以节约投资和施工准备时间。

③在工程施工与现有道路、桥涵发生冲突和干扰之处，承包人都要在工程施工之前完成改道施工或修建临时道路。临时道路应满足现有交通量的要求，路面宽度应不小于现有道路的宽度，且应加铺沥青面层。

④在利用现有的乡村道路作为临时道路时，应将该乡村道路进行修整、加宽、加固及设置必要的交通标志，并经监理工程师验收合格后方可通行。

⑤在工程施工期间，应配备人员对临时道路进行养护，以保证临时道路和结构物的正常通行。

⑥应尽量避开洼地和河流，不建或少建临时桥梁。

4.工地临时用电

施工现场用电，包括生产用电和生活用电。其中，生活用电主要是照明用电；生产用电包括各种生产设施用电、主体工程施工用电、其他临时设施用电。具体的用电要求包括以下几点：

①施工供电要考虑永临结合，对于短隧道应采用高压至洞口，再低压进洞；特长隧道应考虑高、中压进洞，以满足施工需要。

②隧道施工供电应采用三相五线供电系统；动力设备应采用三相380 V；照明电压一般作业地段不宜大于36 V，成洞段和不作业地段可采用220 V，手提作业灯为12～24 V；选用的导线截面应使低压线路末端电压降不大于10%，36 V及24 V线不得大于5%；高压分线部位应设明显危险警告标志；所有配电箱必须全部安装漏电保护器，并明确责任人和标识用途。

③洞外变电站应设置防雷击和防风装置，且宜设在靠近负荷集中地点和电源来线一侧。当变电站电源线需跨越施工地区时，其最低点距人行道和运输线

路的最小高度应满足：电压35 kV时7.5 m，电压6～10 kV时6.5 m，电压400 V时6 m。变压器容量应按电气设备总容量确定，当单台电动设备容量超过变压器容量的1/3时，宜适当增加启动附加容量。

④洞内变电站应设置在干燥的紧急停车带或不使用的横通道内，变压器与周围及上下洞壁的最小距离，不得小于0.3 mm，同时应按规定设置灯光、轮廓标等安全防护设施。洞内高压变电站之间的距离宜为1000 m，由变电站分别向相反两方向供电，每一方供电距离宜采用500 m。洞内高压变电站应采用井下高压配电装置或相同电压等级的油开关柜，不应使用跌落式熔断器，应有防尘措施。

⑤成洞地段固定的电线路，应采用绝缘良好的胶皮线架设；施工地段的临时电线路应采用橡套电缆；动力干线上每一分支线，必须装设开关及保险装置；严禁在动力线路上加挂照明设施。

⑥照明和动力线路安装在同一侧时，必须分层架设；隧道施工作业地段必须有充足的照明。

⑦电线悬挂高度应满足：110 V以下电线离地面距离不应小于2 m，380 V时应大于2.5 m，6～10 kV时不应小于3.5 m。供电线路架设一般要求高压在上、低压在下，干线在上、支线在下，动力线在上、照明线在下。

⑧每个隧道施工均要配备满足正常施工需要的发电机组，以作备用。

第二节 公路隧道施工组织设计的编制

一、施工组织设计编制前的准备工作

（一）隧道施工前现场状况调查

1.地质核查

①当隧道洞口及浅埋地段以及明洞穿过严重风化层、堆积层时，应调查有无可能存在滑动和偏压现象。

②当隧道通过沟谷时，应调查沟谷的发育、分布、冲刷和淤积情况，洞口的设置是否易受到洪水淹没、洪水冲刷以及坍坡的影响。

③当在隧道穿过泥石流地区时，要了解泥石流发生的条件和影响范围，

查明其发展趋势，判断泥石流对洞口、坑道口的危害，并研究预防和整治措施。

④当隧道通过岩溶地区时，应查明溶洞分布、洞穴大小、有无水流及其与隧道的关系和造成隧道施工困难的程度。

⑤应调查岩层走向及地下水出露情况、裂隙的特征及裂隙与隧道临空面的组合关系，尤其是断层、褶皱、破碎带等对施工的影响。

⑥当隧道通过黄土层时，应鉴别土层属于老黄土还是新黄土，了解土层的层厚及土层中的夹杂层成分和竖向裂隙分布。

⑦当隧道通过含盐地层时，要了解含盐地层的分布、层位及层厚，对硫酸盐、碳酸盐含量大，膨胀压力大的含盐层，应查明地下水渗流情况及地下水中硫酸离子、游离碳酸的含量。

⑧当隧道通过地下水发育地区时，应核查地下水的来源、类型及水压、水量、水质与地表水补排的关系；了解含水层、透水层、隔水层与地下水位分布组合对隧道施工的影响。

⑨当隧道通过含煤地层时，应查对有害气体瓦斯的浓度、涌出量及压力等，并预计出现煤层及瓦斯突出的可能部位。

2.气象调查

①应调查当地冬季平均气温、最低气温开始和持续的时间以及冻害情况。

②应调查当地降水季节的总降水量、最大降水量及其发生时间。

③应调查隧道洞口附近最大风力、风速和持续时间，以及各季风情的变化规律。

④应调查雷击区的雷击范围和雷击日数及其发生时间。

⑤应调查洪水期的最高水位，山洪暴发对施工设施和房屋的危害程度。

3.供水调查

①应调查水源水质是否符合卫生标准，水量能否满足施工及生活用水要求。

②当使用水库或池塘的蓄水时，应查明其蓄水量能否满足农灌和隧道施工两者用水的最大需要，并取得有关方面的同意。

③当水源位于洞顶附近时，应分析水源与地下水的补排关系，并预计隧道开挖后水源水向坑道下渗的流失量。

④应考虑供水方案，如蓄水池或抽水站的位置，集中供水或分散供水的措施。

4.排水调查

①应调查隧道排水是否会污染下游水源及农田，必要时考虑污水处理站的设置。

②应调查隧道排水是否会造成下游构造物、田地、坡体出现冲毁现象。

③要考查洞内、洞外排水系统的布设及排水能力，在寒冷地区要注意水沟保温措施，以确保排水畅通。

④当生活区位于洞顶时，要考查生活水排放过程中下渗对隧道出水量的影响。

5.弃渣调查

①弃渣场的地势一般应为宽缓沟谷或开阔洼地，否则应从环境保护、农田补偿等因素考虑弃渣堆的支挡、排水、造田措施。

②应核查弃渣场弃渣容量、运输距离，并考虑运输、卸渣、平渣方式。

③弃渣作为路基填料，其运输及卸渣应符合路基填方施工要求。

6.地物调查

①对于施工中受震动、地表下陷等影响的工业建筑、民用居房、文物古迹等，要了解它们的建筑结构、建筑材料、现今破损程度、倾斜角度等，并研究施工中应采取的避免或减少损坏的措施。

②要查明已建洞室、巷道及各种埋设的管道、线路的具体位置以及它们对隧道施工和受隧道施工的影响，并制定必要的防护、处理、拆迁措施。

③要查明隧道范围内的田地、果林、树林、自然公园、风景区、保护区等的动植物现状，研究隧道施工修筑可能引起地表和地下枯水、地盘沉陷而危及动植生存的可能性，考查施工中地层注浆液对植物生长的影响，从而制定出相应的预防措施。

7.砂石集料调查

①要考查砂石集料的质量和产量，采集和运输受洪水的冰雪季节的影响。

②要优先考查运距短、运输条件好、蕴藏量足、产量大、质量稳定的供应点，并进行经济分析。

③应选择覆盖层薄、石层厚的地点作为自采石场，并办理有关手续。

8.动力供应调查

①要查明商业电网的输电电压、供电量及供电时间等，了解电网供电地点及洞口变压器间的输电线路布置方案。

②要弄清楚施工用电与运营用电负荷差别，研究两种兼顾的配电方案。

③要查明机械燃料供应地点、供油品种、供油数量等情况。

9.运输条件调查

①要查明可用于隧道施工大宗材料运输的水运、铁路、公路等交通形式的运量、货物转运点及转运方式。

②要查明可利用的已有道路的等级、车流量、需要加固加宽的病害工点。

③要查明必须修筑的进场便道的工程数量、修筑时间长短等情况。

10.其他方面的调查

这里提到的其他方面的调查一般包括如下调查。

（1）经济调查

经济调查主要查明：当地可支援的季节性劳动力；各种建筑材料的产量；施工用具加工能力；可资利用的动力或电源及其供应量；引入便道方案和拟利用的公路，进场便道应了解曲线半径、桥梁载重、病害工点；当地可供施工期间居住的房屋楼盘，需要进行临时建筑用地、拆迁补偿费用的调查。

（2）生活方面的调查

生活方面的调查主要查明：主副食品和燃料的供应情况，供应点至工地的运输条件；当地的邮电局、商店、银行能否满足工地需求；当地医疗卫生条件与多发病、常见病和传染病情况。

（3）当地风俗习惯调查

深入了解当地少数民族的宗教、风俗习惯，以便教育施工人员严格遵守民族政策，尊重当地民族风俗习惯，加强民族团结，社会安定环境，以有利于公路交通建设的顺利进行。

（二）全面熟识和核对设计文件

1.现场核对设计文件

会同设计单位进行现场核对设计文件，做好以下工作。

①掌握隧道工程的重点和难点，了解隧道方案的选定及设计经过。

②重点复查对隧道施工和环境保护影响较大的地形、地貌、工程地质及水文地质条件是否符合实际，环境保护措施是否恰当。

③核对隧道与所在区段的位置，是否与线路总平面图和纵断面图一致；了解公路隧道平面，纵断面设计图表资料，并全面核对。

④核对隧道进出口和辅助坑道的位置，以及洞门位置、式样、衬砌类型，是否与洞口周围环境相适应，洞口仰坡和边坡是否稳定及安全。

⑤校对设计文件中确定的施工方法、技术措施与施工实际条件是否相符合，有无变更的必要等。

⑥核对洞口、洞外排水系统和设施的布置是否与地形、地貌、水文、气象等条件相适应。

⑦核对洞门与洞口土石方和桥涵、挡护墙等工程的相互关系和施工衔接，以及其对洞口现场布置和洞内施工的影响。

⑧核对弃渣方案是否符合施工布置的要求，以及该方案对占用耕地和农田灌溉的影响。

2.现场交接和核对测量桩

根据设计单位交付的控制桩位和永久水准点，会同设计单位一起进行交接和核对，核对的内容如下：

①隧道测量控制点、施工测量用的水准点及基准点，并进行复核。

②隧道进洞依据的桩橛。每个洞口应有中线投点桩和两点以上后视桩橛，并应设两个水准基点，作为隧道进口的依据。

③主要的中线测量桩，其方法和坐标均应进行复测和验算，两端洞口和辅助坑道的水准基点应联测一次，查对是否达到精度要求。

二、编制实施性施工组织设计

一般应以一座隧道为单位（或一个洞口）来对实施性施工组织设计进行编制。编制内容应包括总说明书、施工方法、工区划分、洞口场地布置图、施工进度图、施工计划图、工程数量表、人员安排和劳动组织计划、施工机具设备计划、主要材料计划、大堆材料数量和运量计划、临时工程计划和施工技术措施等。

（一）完善设计说明书和方案

设计说明书应阐明隧道工程概况、地质条件、采用的施工方法、各项编制依据、工期要求、施工中可能遇到的困难和采取的相应的措施，以及其他需要说明的问题。

设计方案应根据工程地质和水文地质条件，结合隧道长度、断面结构类型、工期要求，施工技术力量、机械设备、材料、劳动力组合等情况合理确定，并依此编制施工进度计划。

（二）绘制施工场地的总布置图

施工场地布置应结合工程规模、工期、地形特点本着因地制宜、充分利用地形、合理布置、统筹安排的原则进行，并应符合下列要求。

①以洞口为中心布置施工场地。施工场地应事先规划、分期安排，并应减少与现有道路系统的交叉干扰。

②轨道运输的弃渣线、编组线和联络线，应形成有效的循环系统。

③长隧道洞外应有大型机械设备安装、维修和存放的场地。

④机械设备、附属车间、加工场应相对集中。仓库应靠近公路，并设有专用线。

⑤合理布置大堆材料（砂石料）、施工备品及回收材料堆放场地的位置。

⑥生活服务设施，应集中布置在宿舍、保健和办公室用房的附近。

⑦运输便道、场区道路和临时排水设施等，应统一规划，做到合理布局形成网络。

⑧危险品库房按有关安全规定办理。

第三节　公路隧道施工的方法及选择

一、公路隧道施工常用方法

隧道施工是修建隧道及地下洞室的施工方法、施工技术和施工管理的总称。

隧道施工过程通常包括：在地层内挖出土石，形成符合设计断面要求的隧道，进行必要的支护和衬砌，控制隧道围岩变形，保证隧道施工安全和长期安全使用。

隧道施工方法的选择主要依据工程地质和水文地质条件，并结合隧道断面尺寸、长度、衬砌类型、隧道的使用功能和施工技术水平等因素综合考虑研究确定。所选择的施工方法要体现出技术先进、经济合理及安全适用的特点。根据隧道穿越地层的不同情况和目前隧道施工技术水平，隧道施工方法可按以下方式分类：①山岭隧道施工方法：矿山法（传统矿山法、新奥法）、掘进机法。②浅埋及软土隧道施工方法：明挖法、盖挖法、地下连续墙法。

（一）矿山法

山岭隧道的常规施工方法又称为矿山法，因最早应用于采矿坑道而得名，它包括传统矿山法和新奥法。

在矿山法中，多数情况下都需要采用钻眼爆破进行开挖，故又称为钻爆法。从隧道工程的发展趋势来看，矿山法仍将是今后山岭隧道最常用的开挖方法。

1.传统矿山法

传统矿山法是人们在长期施工实践中发展起来的。它是凿眼爆破、以木或钢构件作为临时支撑，待隧道开挖成形后，逐步将临时支撑撤换下来，而代之以整体式衬砌作为永久性支护的施工方法。

木构件支撑由于其耐久性差和对坑道形状的适应性差，支撑撤换工作既麻烦又不安全，且对围岩有所扰动，因此，目前已很少被采用。

钢构件支撑由于具有强度高、刚度大和对坑道形状适应性强等优点，目前采用较多但也存在撤换时不完全、若不撤换时成本高以及与围岩非面接触支撑的缺点。

钢木构件支撑类似于地上的“荷载-结构”力学体系。它作为一种维持坑道稳定的措施，是很直观和奏效的，也容易被施工人员理解和掌握。因此这种方法常被应用于不便采用锚喷支护的现代隧道中。

2.新奥法

新奥法是应用岩体力学理论，以维护和利用围岩的自承能力为基点，以锚杆和喷射混凝土为主要支护手段，及时进行支护，控制围岩的变形和松弛，使围岩成为支护体系的组成部分，并通过对围岩和支护的量测、监控来指导隧道施工和地下工程设计施工的方法和原则。

新奥法的原理是，在利用围岩本身所具有的承载效能的前提下，采用毫秒爆破和光面爆破技术，进行全断面开挖施工，并采用初次柔性支护和二次衬砌的复合式衬砌来修建隧道的洞身，初次柔性支护是在洞身开挖之后必须立即进行的支护工作。因为蕴藏在山体中的地应力由于开挖成洞而产生再分配，隧道空间靠空洞效应而得以保持稳定，也就是说，承载地应力的主要是围岩体本身，而初次柔性支护的作用，是使围岩体自身的承载能力得到最大限度的发挥，二次衬砌主要是起安全储备和装饰美化作用。

（1）发展历史

1934年，新奥法主要创始人拉布采维茨就试图将喷浆方法用于地下工程。

拉布采维范在1942—1945年建造的洛伊布尔隧道中采用了双层薄衬砌，即先喷一层混凝土，待变形收敛后再喷一层。

1944年，拉布采维范发表了有关喷混凝土的论文，并指出了围岩动态随时间变化的重要性。

1948年，拉布采维范指出了量测工作的重要性，并公布了新的喷敷方法。

1948—1953年，喷射混凝土支护在奥地利首次用于卡普伦水力发电站的默尔隧洞。最早在欧洲推广使用锚杆支护的是1951—1953年建造的伊泽尔-阿尔克电站的有压输水隧洞。

1953—1955年，在修建普鲁茨-伊姆斯特电站的有压输水隧洞时，施工人员按照拉布采维茨的建议，充分采用锚杆支护而获得成功。

拉布采维茨于1963年将这一方法正式命名为“新奥地利隧道施工法”，人们习惯称之为“新奥法”。

1964—1969年，拉布采维茨又提出了在岩石压力下隧道稳定性的理论分析，强调采用薄层支护，并及时修筑仰拱以闭合衬砌的重要性。根据实验验证，衬砌应按剪切破坏进行设计计算。

（2）新奥法理论的缺陷和改进建议

虽然新奥法在隧道结构设计和施工实践中取得了显著的效果，但目前在理论上尚存在一些缺陷。这里将系统分析新奥法的理论缺陷并提出相应的改进建议措施。

①传统的新奥法分析计算模型是假定隧道为圆形，围岩为均质的、各向同性的、连续的弹塑性体。由于隧道围岩的非均质性、各向异性和不连续性，其解析解或数值解的结果只在均匀完整岩体中较吻合，其他大多数隧道围岩由于地质条件的复杂性和多样性，理论解与实际量测结果差别很大，理论解用于实践尚有待进一步深入研究。

②锚杆支护的使用是有条件的，它主要根据围岩的岩层产状和稳定状况起联结、组合和整体加固作用。因此，锚杆支护对于整体性差的围岩或自稳能力差、有涌水和大面积淋水地层的松软围岩作用不大。

③鉴于目前岩体力学尚不足以全面解决隧道工程问题，必须综合岩体力学和铁摩辛柯力学理论分析隧道围岩的应力和变形特征，确保支护结构安全。

④地下水对隧道围岩和支护结构影响的分析方法有待进一步研究，实践中必须慎重处理地下水对隧道围岩和支护结构的危害。

⑤许多隧道工程失败教训提醒人们，新奥法理论的基础和基本原则是正确的，其分析方法和支护手段是发展的，必须在实践中不断加以总结和完善。

因此新奥法指导思想可总结为：新奥法是以岩体力学和铁摩辛柯力学理论为基础进行隧道设计和施工的新方法，它的指导思想是最大限度地发挥围岩的自承作用，要求修建隧道过程中尽可能保持围岩的原始状态，把以喷射混凝土、锚杆为代表的初期支护和量测技术作为支柱，把隧道围岩和各种支护结构作为一个共同作用的承载体系，即硬岩隧道用柔性支护、软岩隧道用强预支护，控制围岩变形发展。通过量测手段，及时掌握围岩和支护结构的变形和应力动态，确保隧道结构设计和施工信息化，具有极大的适用性和经济性。

（3）新奥法施工方式

采用新奥法施工的公路隧道，应视其规模、地质条件以及安全要求、施工方法，充分利用现场监控、量测信息来指导施工。严格执行施工程序，不得有任何省略。

新奥法施工，按其开挖断面大小及位置，基本上可分为全断面法、台阶法、分部开挖法三大类及其若干变化方案。具体内容如下。

1）全断面法

全断面法，是指按设计开挖面一次开挖成型，再施作支护和衬砌的隧道开挖方法。

①全断面法开挖顺序：全断面开挖；锚喷支护；浇筑混凝土衬砌。

②全断面法，常适用于Ⅰ～Ⅲ级硬岩的石质隧道。该法可采用深孔爆破。

③全断面法有较大的作业空间，有利于采用大型配套机械化作业，提高施工速度，且工序少，干扰少，便于施工组织和管理。缺点是由于开挖面较大，围岩相对稳定性降低，且每次循环工作量相对较大，故此要求施工单位应具有较强的开挖、出渣、运输及支护能力。

全断面法施工开挖工作面大，钻爆施工效率较高，采用深孔爆破可加快掘进速度，且爆破对围岩的震动次数较少，有利于围岩稳定。缺点是每次深孔爆破震动较大，因而要求进行精心的钻爆设计和严格地控制爆破作业。

④全断面法的主要工序是：使用移动式钻孔台车，首先全断面一次钻孔，并进行装药连线，然后将钻孔台车后退到50 m以外的安全地点，再起爆，使一次爆破成型，出渣后钻孔台车再推移至开挖面就位，开始下一个钻爆作业循环，同时进行锚喷支护或先墙后拱衬砌。

全断面法是目前Ⅰ～Ⅲ级围岩隧道工程施工技术发展的一个方向，但是在采用全断面法开挖时应注意以下事项。

①加强对开挖面前方的工程地质和水文地质的调查；对不良地质情况，要及时预测、预报、分析研究，随时准备好应急措施（包括改变施工方法），以

确保施工安全和工程进度。

②各工序机械设备要配套。如钻眼、装渣、运输、模筑、衬砌支护等主要机械和相应的辅助机具（钻杆、钻头、调车设备、气腿、凿岩钻架、注油器、集尘器等），在尺寸、性能和生产能力上都要相互配合，工作方面能环环紧扣，不致彼此互受牵制而影响掘进，以充分发挥机械设备的功能和各工序之间的协调作用。同时要注意经常检修设备及准备足够的易损零部件，以确保各项工作的顺利进行。

③加强各种辅助作业和辅助施工方法的设计与施工检查。尤其在软弱破碎围岩中使用全断面法开挖时，应对支护后围岩进行动态量测与监控，对各种辅助作业的三管两线（高压风管、高压水管、通风管、电线和运输路线）要求保持技术上的良好状态。

④重视和加强对施工操作人员的技术培训，使其能熟练掌握各种机械的操作和推广新技术，不断提高工效，改进施工管理，加快施工速度。

⑤全断面法开挖选择支护类型时，应优先考虑锚杆和锚喷混凝土、挂网、撑梁等支护形式。

2）台阶法

台阶法是指先开挖隧道上部断面（上台阶），上台阶超前一定距离后开始开挖下部断面（下台阶），之后上下台阶同时并进的施工方法。

台阶法是两车道隧道Ⅱ级、Ⅲ级、Ⅳ级和部分Ⅴ级围岩深埋段常用的施工方法，一般划分为上、下两个台阶。该方法将设计断面分成上半部断面和下半部断面，错开一定距离L（台阶长度）先开挖上半断面，待开挖至一定长度后再开挖下半断面，上、下半断面在不同的工作面同时掘进施工。三车道隧道一般采用三台阶法。

台阶法的优缺点包括：增加了工作面，前后干扰较小，有利于机械化作业，进度较快；一次开挖面积较小，有利于掌子面稳定，特别是下台阶开挖时较为安全；短台阶法相互干扰，增加对围岩的扰动次数。

此外，根据台阶长度不同，台阶法可分为长台阶法、短台阶法和微台阶法三种。

施工中采用哪一种台阶法，要根据两个条件来决定：一是对初期支护形成闭合断面的时间要求，围岩越差，要求闭合时间越短；二是对上部断面施工所采用的开挖、支护、出渣等机械设备需要施工场地大小的要求。对软弱围岩，主要考虑前者，以确保施工安全；对较好围岩，主要考虑如何更好地发挥机械设备的效率，保证施工中的经济效益，因此只考虑后者。

①长台阶法：长台阶法开挖断面小，有利于维持开挖面的稳定，适用范围较全断面法广，一般适用于Ⅰ～Ⅲ级围岩。在上、下两个台阶上，分别进行开挖、支护、运输、通风、排水等作业，因此台阶长度长。但台阶长度过长，如大于100 m时，则增加了支护封闭时间，同时也增加了通风、排烟、排水的难度，降低了施工的综合效率。因此，长台阶一般在围岩条件相对较好、工期不受控制、无大型机械作业时选用。

②短台阶法：短台阶法适用于Ⅲ～Ⅴ级围岩，台阶长度定为10～15 m，即1～2倍开挖宽度，主要考虑的是既要实现分台阶开挖，又要实现支护及早封闭。上台阶一般采用小药量的松动爆破，出渣采用人工或小型机械转运至下台阶。因此，台阶长度不宜过长，如果超过15 m，则出渣所需的时间显得过长。

短台阶法可缩短支护闭合时间，改善初期支护的受力条件，有利于控制围岩变形。缺点是上部出渣对下部断面施工干扰较大，不能全部平行作业。

③微台阶法：微台阶法是全断面开挖的一种变异形式，适用于Ⅴ～Ⅵ级围岩，一般台阶长度为3～5 m。台阶长度小于3 m时，无法正常进行钻眼和拱部的喷锚支护作业；台阶长度大于5 m时，利用爆破将石渣翻至下台阶有较大的难度，必须采用人工翻渣。微台阶法上下断面相距较近，机械设备集中，作业时相互干扰大，生产效率低，施工速度慢。

除此之外，采用台阶法施工时还应注意以下事项：

①台阶长度不宜超过隧道开挖宽度的1.5倍。台阶不宜多分层。一般以一个垂直台阶开挖到底，保持平台长2.5～3 m为好，易于掌握炮眼深度，装渣机应紧跟开挖面，减少扒渣距离以提高装渣运输效率。

②上部开挖时，因临空面较大，易使爆破面渣块过大，不利于装渣，应适当密布中小炮眼。若采用先拱后墙法施工，下部开挖时应注意上部的稳定，必须控制下部开挖厚度和用药量，并采取防护措施，避免损伤拱圈及确保施工安全。若围岩稳定性较好，则可以采取分段顺序开挖；若围岩稳定性较差，则应缩短下部掘进循环进尺；若稳定性更差，则可以左右错开，或先拉中槽后挖边帮。

③上台阶钢架施工时，应采取有效措施控制其下沉和变形，下台阶应在台阶喷射混凝土强度达到设计强度的70%后开挖。

3）分部开挖法

分部开挖法包括环形开挖预留核心土法、双侧壁导坑法、中洞法、中隔壁法等。

①环形开挖预留核心土法。该方法常用于Ⅵ级围岩单线和Ⅴ～Ⅵ级围岩双

线隧道掘进。施工顺序为：人工或单臂掘进机开挖环形拱部，架立钢支撑，挂钢丝网，喷射混凝土。在拱部初期支护保护下，开挖核心土和下半部，随即接长边墙钢支撑，挂网喷射混凝土，并进行封底。根据围岩变形，适时施作二次衬砌。

施工时要求：环形开挖进尺一般为0.5～2.0 m；开挖后应及时施作喷锚支护、安设钢架支撑，每两榀钢架之间采用钢筋连接，并加锁脚锚杆；当围岩地质条件差，自稳时间较短时，开挖前应在拱部设计的开挖轮廓线以外，进行超前支护。

环形开挖预留核心土法具有施工开挖工作面稳定性好，施工较安全，但施工干扰大、工效低等特点。环形开挖预留核心土法在土质及软弱围岩中使用较多，如在大秦线军都山隧道黄土段等隧道施工中均有应用。

②双侧壁导坑法。该方法适用于Ⅴ～Ⅵ级围岩双线或多线隧道掘进。双侧壁导坑法采用先开挖隧道两侧导坑，并及时施作导坑四周初期支护，再根据地质条件、断面大小，对剩余部分断面进行一次或二次开挖的施工方法。

双侧壁导坑法施工要求：侧壁导坑高度以到起拱线为宜；侧壁导坑形状应接近于椭圆形断面，导坑断面为整个断面的1/3；侧壁导坑领先长度一般为30～50 m，以开挖一侧导坑所引起的围岩应力重分布不影响另一侧导坑为原则；导坑开挖后应及时进行初期支护，并尽早封闭成环。

双侧壁导坑法具有控制地表沉陷好、施工安全等优点，但进度慢，成本高。因此，适用于断面跨度大、地表沉陷要求严格、围岩条件特别差的隧道，在衡广复线香炉坑隧道、北京地铁西单车站等地下工程中均有应用。

③中洞法。该方法适用于双连拱隧道。中洞法采用先开挖中洞并支护，在中洞内施作隧道中墙混凝土，后开挖两侧的施工方法。

中洞法施工要求：中洞法开挖高度应大于中墙高度1 m，开挖宽度应大于5 m；中洞开挖超前长度应根据隧道长度、宽度以及地质情况综合考虑，一般为50～80 m；对长度200～300 m的短隧道可先贯通中洞，然后再施工两侧侧洞；中洞开挖后应及时施作初期支护，再分段灌注中墙混凝土，每一纵向段长度为4～10 m，在中墙混凝土达到设计强度后方可拆模，并进行临时横向支撑。

④中隔壁法。该方法在近年来国内铁路隧道和城市地下工程的实践中，被证明是通过软弱、浅埋、大跨度隧道的最有效的施工方法，它适用于Ⅴ～Ⅵ级围岩的双线隧道。中隔墙开挖时，应沿一侧自上而下分为二或三部分进行，每开挖一步均应及时施作锚喷支护，安设钢架，施作中隔壁。之后再开挖中隔墙

的另一侧，其分部次数及支护形式与先开挖的一侧相同。

中隔壁法施工要求：各部开挖时，周边轮廓应尽量圆顺，减小应力集中；各部的底部高程应与钢架接头处一致；后一侧开挖应及时形成全断面封闭；左右两侧纵向间距一般为30～50 m；中隔壁设置为弧形或圆弧形。

（二）掘进机法

1.概念

掘进机法是指用隧道掘进机切削破岩，开凿岩石隧道的施工方法。它始于20世纪30年代，随着掘进机技术的迅速发展和机械性能的日益完善，掘进机施工得到了快速发展。掘进机施工，特别是对于长隧道的施工，较之钻爆法施工有其显著的特点：大大降低了工人的劳动强度，保证了施工人员的安全；掘进速度快，进一步发展将有达到自动化的可能；等等。在科技飞速发展的今天，掘进机更有了广阔的使用条件。虽然钻爆法仍是当前山岭隧道施工的最普遍的方法，而且掘进机也不能取代钻爆法施工，但用掘进机施工的隧道数量不断上升。据不完全统计，世界上采用掘进机施工的隧道已有1000余座，总长度在4000 km左右。特别是在欧美国家，由于劳动力昂贵，掘进机施工已成为进行施工方案比选时必须考虑的一种方案。

2.特点

与钻爆法开挖隧道施工过程相比，使用掘进机开挖隧道的特点在于施工过程是连续的，具有隧道工程“工厂化”的特点。

（1）优点

①安全。掘进机开挖断面一般为圆形，承压稳定性好；由于用机械方法切削成型，没有钻爆法的危险因素，减少了周围岩层松动、冒顶的可能性，因此也减少了支护的工作量。在土质或软弱地层施工时，可采用护盾式掘进机，作业人员在司机房内或护盾内工作，大大提高了作业的安全性。

②快速。根据现有使用效果看，在均质岩层中，掘进速度一般可达：软岩层2 m/h，中硬岩层1 m/h，硬岩层0.5 m/h。对于一般的中硬岩石，掘进机每月掘进约600 m，如英法海峡隧道，英国端每月掘进764 m，法国端每月为685 m。一般认为，掘进机的掘进速度较钻爆法的掘进速度可提高2～2.5倍。

③经济。用机械方法开挖的断面平整，洞壁光滑，免去爆破应力，通常不需要临时支护（硬岩中），或可用喷锚、钢圈梁、钢丝网等简易支护（软岩或中硬岩中）。同时，超挖量可控制在几厘米之内，能减少清理作业和混凝土用

量（混凝土用量约节约50%），适合于喷射混凝土衬砌。因此，国外部分人士认为，在作业条件适宜时，其施工总成本可降低20%～30%。但掘进机自身造价高，工程一次性购入成本高。

④省工与降低劳动强度。据统计，一般掘进机施工所需总人数为40～45人即能达到月进尺200 m，而用钻爆法施工欲达到月成洞200 m则需700人（三班制）。更为重要的是，用掘进机施工可以大大减轻劳动强度。

⑤排渣容易。机械法破碎的土屑和岩渣多成中块或粉状，粒度均匀，可由皮带运输机直接排出。如果采用适应于开挖量的转载运输机，则可利用掘进机的换步时间，进行调车作业，尽量不因运输工序而影响掘进速度。

⑥由于集中控制操作，有实现远距离操作和自动化的可能性。

（2）缺点

①一次投资大，尺寸、重量大，机器较复杂（但对于岩层适宜的长隧道，由于掘进机掘进速度快，总的工程成本相对来说不高），制造周期长，装运费时费事费钱，刀具的消耗和维修费用亦很昂贵。但也要看到，随着冶金技术的发展，刀具消耗的问题也能够解决。例如，国外某掘进机（ϕ3.3 m）在瑞士开挖一条1461 m长的公路隧道导洞，其岩石抗压强度为100 MPa（砾岩和砂岩），但只换过一把刀。

②对岩层变化的适应性差。就目前试用和使用情况来看，对中硬岩使用较为有效，对软岩和硬岩仍存在许多困难。若遇到破碎岩层及不均匀多变的岩层，掘进速度下降，甚至无法工作；若遇到涌水、溶洞及漂石、砾石等情况，多需改为其他方法开挖。

③开挖的隧洞断面局限于圆形，对于其他形状的断面，则需进行二次开挖；若要机器本身来完成，则机器构造将更为复杂。

④作业率低。隧道施工工序多，要求施工组织严密、配合协调。

⑤能耗大。纯机械破岩，不像钻爆法利用炸药的化学能，过分破碎石渣而耗费能量，粉状石渣难以再利用。

经过近一个世纪的努力，随着现代技术的发展，特别是近几十年来，掘进机不仅能在岩石整体性及磨蚀性强的条件下工作，也能在稳定条件差的地层中施工，从而被许多隧道作为主要施工方案进行比选。

（三）明挖法

1.概念

所谓明挖法，是指地下结构工程施工时，从地面向下分层、分段依次开挖，直至达到结构要求的尺寸和高程，然后在基坑中进行主体结构施工以及防水作业，最后恢复地面的一种工法。明挖法施工简单、方便，地层表面附近（浅埋）的地下工程多采用明挖法进行修建，如房屋基础、地下商场、地下街、地下停车场、地铁车站、人防工程及地下工业建筑等。

明挖法通常分为无支护放坡开挖和基坑支护开挖两种形式。放坡开挖的优点是不必设置支护结构，而且主体结构施工时场地较大，便于施工布置；缺点是开挖工程量相对较大，而且占用场地大，适用于在旷野采用明挖法修建的地下工程。在场地条件受限的情况下，如城市地下工程施工，常采用基坑支护开挖方法。

通常，为保证基坑侧壁稳定及邻近建筑物的安全，需采取基坑侧壁的支护加固措施，即设置基坑支护结构，包括支护桩墙、支撑系统、围檩、防渗帷幕、土钉及锚杆等。基坑支护结构安全与否，不仅直接关系到所建工程的成败，而且关系到邻近已建工程的安危。

施工时，采用无支护放坡开挖还是基坑支护开挖，应根据工程地质条件、开挖工程规模、地面环境条件、交通状况等因素综合确定。

2.分类

（1）放坡明挖法

放坡明挖法是根据隧道侧向土体边坡的稳定能力，由上向下分层放坡开挖隧道所在位置及其上方土体至设计隧道基底高程后，再由下向上顺隧道衬砌结构和防水层，最后施作结构外填土并恢复地表状态的施工方法。

放坡明挖法主要适用于埋置特浅、边坡土体稳定性较好，且地表没有过多的限制条件的隧道工程。放坡明挖法虽然开挖方量较大且易受地表和地下水的影响，但可以使用大型土方机械。施工速度快，质量也易得到保证，作业场所环境条件好，施工安全度高。边坡局部稳定性较差时，可采用喷射混凝土进行坡面防护或采用锚杆加固边坡土体。

（2）悬臂支护明挖法

悬臂支护明挖法是将基坑围护结构插入基底高程以下一定深度，然后在围护结构的保护下开挖基坑内的土体至设计隧道基底高程后，再由下向上顺作隧道主体结构和防水层，最后施作结构并回填土以恢复地表状态的施工方法。

悬臂支护明挖法常用的围护结构有打入木桩、钢桩、钢筋混凝土预制桩，就地挖孔或钻孔灌注钢筋混凝土桩、钻孔灌注钢筋混凝土连续墙等，以上各种措施也可联合采用。悬臂支护明挖法主要适用于埋置较浅、边坡土体稳定性较差，且地表有一定的限制性要求的隧道工程。

3.适用条件

明挖法的应用与许多因素相关，如建筑周边的环境条件，工程地质、水文地质条件，结构物的埋深及技术经济指标等。因此，选用明挖法修建各种地下工程时，应全面、综合考虑各种因素。

（1）浅埋地下工程施工

常见的浅埋地下工程主要有地铁车站、地铁行车通道、城市地下人行通道、地下综合管网工程等。这些浅埋工程的覆土厚度（埋入土中的深度）多为5～10 m，一般都采用明挖法施工。在某些情况下，有的埋深在10～20 m的地下工程，也可采用明挖法施工。但是，明挖法施工明显受结构埋深的制约。当埋深较大时，由于施工技术难度大，同时又因开挖和回填工程量很大，工程费用有可能比暗挖法高，此时从技术经济角度考虑，选用明挖法就不适合了。

（2）平面尺寸较大的地下工程

某些地下工程埋深不大，但平面尺寸很大，如一些城市的地下广场、大规模地铁车站、地下商场等，其内部结构也多采用一般的梁板结构，这类工程适宜采用明挖法施工。对于这类大平面尺寸的地下工程，明挖法施工时通常采用分部开挖法或沟槽开挖法，如何先在周边开挖至设计标高，建造好外围结构，然后开挖中间部分，再进行内部结构施工及顶板施工和覆土回填。

（3）基坑工程

基坑工程是许多工程建设的辅助工程，并且基坑工程也只能采用明挖法施工。

（4）其他工程

与高层建筑深基坑工程类似，有些工程在施工中也需要深基坑作为施工辅助工程，如桥梁工程中的锚锭基坑工程，需要将锚锭板埋置于很深的地层中，这就需要开挖深基坑。此外，盾构法和顶管法施工的施工井也采用自地面垂直向下开挖的明挖法进行修建。

（四）盖挖法

盖挖法是由地面向下开挖至一定深度后，将顶部封闭，其余的下部工程在封闭的顶盖下进行施工，主体结构可以顺作，也可逆作。

盖挖法施工的优点：结构的刚度大、水平位移小；结构板作为基坑开挖的支撑，节省了临时支撑；缩短了占道时间，减少了对地面的干扰；受外界气候影响小。缺点：出土不方便；板墙柱施工接头，需进行防水处理；工效低，速度慢；结构框架形成之前，中间立柱能够支承的上部荷载有限。

1.施工方法

盖挖施工方法主要有盖挖顺作法、盖挖逆作法、盖挖半逆作法。

①盖挖顺作法。在支护基坑的钢桩上架设钢梁、铺设临时路面维持地面交通。开挖到基坑底后，浇筑底板，然后浇筑侧墙，最后浇筑顶板。

②盖挖逆作法。用刚度更大的围护结构取代钢桩，用结构顶板作为路面系统和支撑，结构施作顺序是自上而下，挖土后先浇筑顶板，然后浇筑侧墙，最后浇筑底板。

③盖挖半逆作法。施工程序如下：施作围护结构—浇筑顶板—挖土到基坑底—浇筑底板及其侧墙—浇筑中板及其侧墙。

2.施工措施

（1）施工期间地面的处置

施工期间地面的处置有以下几种基本方式。

①部分或全部占用地面。

②分条施工临时路面和结构顶板，维持部分交通。

③夜间施工，白天恢复交通。

（2）围护结构

盖挖法施工的地下工程围护结构形式基本可分为以下两大类。

①由桩（钻孔桩；挖孔或预制桩）和内衬墙组成的柱墙结构。

②地下连续墙或地下连续墙与内衬墙的组合结构。在软弱土层中，多采用刚度和防水性较好的地下连续墙。

围护结构与内衬墙之间的构造视传力方式不同可分为以下两种。

①分离式结构：当围护结构与内衬墙之间需设防水层时，为保证防水效果，在围护结构与内衬墙和板之间一般不用钢筋拉结。施工中为保证板的强度和刚度，有时需在上、下板之间设置拉杆或临时立柱。在软弱土层中，分离式内衬墙往往较厚，但由于防水性能好，故采用较多。

②复合式结构：在围护结构与内衬墙之间设置拉结钢筋，使二者结合为整体，共同受力，但防水效果较差。

从减少墙体水平位移和对附近建筑物影响来看，盖挖逆作法效果最好。在软弱土层中开挖时，侧压力较大，除以板作为墙体的支撑外，还需设置一定数量的临时支撑，并施加预应力。

（3）中间临时柱

中间临时柱在结构框架形成前是承受竖向荷载的主要受力构件，能减少板肋应力。盖挖顺作法大多采用在永久柱两侧单独设置临时柱的方式，而盖挖逆作法多使临时柱与永久柱合二为一。临时柱通常采用钢管柱或H形钢柱。柱下基础可采用桩基和条基。桩基多采用灌注桩；条基多用于地质条件较好的地段，可通过暗挖小隧道来完成。

（4）土方挖运

土方挖运是控制逆作法施工进度的关键工序，开挖方案还直接影响板的模板形式及侧墙水平位移的大小。根据基坑的空间和地质条件，可选择人工挖运或小型挖掘机挖运。

盖挖法施工的土方，由明、暗挖两部分组成。在条件许可时，从改善施工条件和缩短工期考虑应尽可能增加明挖土方量。一般以顶板底面作为明、暗挖土方的分界线，这样可利用土模浇筑顶板。而在软弱土层中，难以利用土模时，明挖土方可延续到顶板下，按要求架设支撑，立模浇筑顶板。

暗挖土方时，应充分利用土台护脚支撑效应，采用中心挖槽法，即先挖出支撑设计位置土体，架设支撑，再挖两侧土体。

暗挖土方时，材料机具运送挖运的土方均应通过临时出口。临时出口可单独设置或利用隧道的出入口和风道。

（5）混凝土施工缝处理

当采用逆作法施工时，结构的内衬墙及立柱是由上而下分段施作的，施工缝一般多在立柱上设V形接头、在内衬墙上设L形接头进行处理。施工缝根据结构对强度及防水的要求，有以下三种处理方法可供选择。

①直接法。在先浇混凝土的上面继续浇筑，浇筑口高出施工缝，利用混凝土的自重使其密实，对接缝处实行二次振捣，尽可能排除混凝土中的气体，增加其密实性。

②注入法。在先浇和后浇混凝土之间的缝隙压入水泥浆或环氧树脂使其密实。

③充填法。在先浇和后浇混凝土之间留一个充填接头带，清除浮浆后再用膨胀的混凝土或砂浆充填。

（五）地下连续墙法

地下连续墙是基础工程在地面上采用一种挖槽机械，沿着深开挖工程的周边轴线，在泥浆护壁条件下，开挖出一条狭长的深槽，清槽后，在槽内吊放钢筋笼，然后用导管法灌筑水下混凝土筑成一个单元槽段，如此逐段进行，在地下筑成的一道连续的钢筋混凝土墙壁。地下连续强可作为截水、防渗、承重、挡水结构。

1.分类

地下连续墙按成墙方式可分为桩排式、槽板式以及组合式。

地下连续墙按墙的用途可分为防渗墙、临时挡土墙、永久挡土（承重）墙等。

地下连续墙按墙体材料可分为钢筋混凝土墙、塑性混凝土墙、固化灰浆墙、自硬泥浆墙、预制墙、泥浆槽墙、后张预应力墙以及钢制墙。

地下连续墙按开挖情况可分为地下挡土墙（开挖）以及地下防渗墙（不开挖）。

由于受到施工机械的限制，地下连续墙的厚度具有固定的模数，不能像灌注桩一样根据桩径和刚度灵活调整。因此，地下连续墙只有在一定深度的基坑工程或其他特殊条件下才能显示出经济性和特有优势。

2.特点

（1）优点

地下连续墙之所以能够得到如此广泛的应用，是因为它具有十大优点，具体如下。

①工效高、工期短、质量可靠、经济效益高。

②施工时振动小，噪声低，非常适于在城市施工。

③占地少，可以充分利用建筑红线以内有限的地面和空间，充分发挥投资效益。

④防渗性能好，由于墙体接头形式和施工方法的改进，地下连续墙几乎不透水。

⑤可用于逆作法施工。地下连续墙刚度大，易于设置埋设件，很适于逆作法施工。

⑥可以贴近施工。由于地下连续墙具有上述几项优点，我们可以紧贴原有建筑物建造地下连续墙。

⑦用地下连续墙作为土坝、尾矿坝和水闸等水工建筑物的垂直防渗结构，是非常安全和经济的。

⑧墙体刚度大，用于基坑开挖时，可承受很大的土压力，极少发生地基沉降或塌方事故，已经成为深基坑支护工程中必不可少的挡土结构。

⑨适用于多种地基条件。地下连续墙对地基的适用范围很广，从软弱的冲积地层到中硬的地层、密实的沙砾层，各种软岩和硬岩等所有的地基都可以建造地下连续墙。

⑩可用作刚性基础。地下连续墙不再单纯作为防渗防水、深基坑围护墙，而且越来越多地用地下连续墙代替桩基础、沉井或沉箱基础，承受更大荷载。

（2）缺点

①在城市施工时，废泥浆的处理比较麻烦。

②地下连续墙如果用作临时的挡土结构，比其他方法所用的费用要高些。

③如果施工方法不当或施工地质条件特殊，可能出现相邻墙段不能对齐和漏水的问题。

④在一些特殊的地质条件下（如很软的淤泥质土，含漂石的冲积层和超硬岩石等），施工难度很大。

3.适用条件

①适用于深度超过10 m的深基坑工程。

②适用于围护结构亦作为主体结构的一部分，且对防水、抗渗有较严格要求的工程。

③适用于邻近存在保护要求较高的建（构）筑物，对基坑本身的变形和防水要求较高的工程。

④适用于基坑内空间有限，地下室外墙与红线距离极近，采用其他围护形式无法满足留设施工操作空间要求的工程。

⑤在超深基坑中，采用其他围护体无法满足要求时，常采用地下连续墙作为围护结构。

⑥当采用逆作法施工，地上和地下同步施工时，一般采用地下连续墙作为围护墙。

4.主要作用

（1）挡土作用

在挖掘地下连续墙沟槽时，接近地表的土极不稳定，容易坍陷，而泥浆也不能起到护壁的作用，因此在单元槽段挖完之前，导墙就起挡土墙作用。

（2）作为测量的基准

它规定了沟槽的位置，表明单元槽段的划分，同时亦作为测量挖槽标高、垂直度和精度的基准。

（3）作为重物的支承

它既是挖槽机械轨道的支撑，又是钢筋笼、接头管等搁置的支点，有时还承受其他施工设备的荷载。

（4）存蓄泥浆

导墙可存蓄泥浆，稳定槽内泥浆液面。泥浆液面应始终保持在导墙面以下20 cm，并高于地下水位1.0 m，以稳定槽壁。

（5）防止泥浆漏失

防止雨水等地面水流入槽内。

二、隧道施工辅助工法

无论新奥法或传统的矿山法施工，都可能会遇到开挖工作面不能自稳，或地面沉陷过大的情况，为了确保工程顺利进行和施工安全，必须采取一定的措施对地层进行预支护或预加固。在公路隧道施工中，经常采用的加固地层的措施有超前锚杆、超前管棚、预注浆加固地层等。

这些措施的选用，应视围岩条件、涌水状况、施工方法、环境要求等而定。

（一）超前锚杆

超前锚杆的要点是在开挖掘进前，在开挖面顶部一定范围内（必要时也可在边墙局部范围内），沿隧道断面的周边向地层内打入一排（或二排）纵向锚杆（或小钢管），以形成一道顶部加固棚，在此棚的保护下进行开挖（纵向两排的水平投影应有不小于1 m的搭接长度）。挖至一定距离后，重复上述步骤，如此循环前进。此法主要适用于土砂质地层、膨胀性地层裂隙发育的岩体以及断层破碎带等。

超前锚杆宜采用早强砂浆锚杆，小钢管应平直，尾部焊箍，头部做成尖锥状。它们的施工过程都是先钻孔，然后用锤击或风钻顶入。小钢管顶入时孔位偏差不应超过100 mm，顶入长度不应小于管长的90%。

（二）超前管棚

处于松软地层中的浅埋隧道，当要求地表沉陷量较小时，可采用管棚进行预支护。管棚是开挖掘进前在隧道开挖工作面的上半断面部分（呈扇形）或全部沿隧道断面周边间隔一定距离，用大型水平钻机（如土星-880型液压钻机）钻孔，然后向钻孔内压入钢管而形成的钢管群体。为了增加钢管的刚度，可向钢管内灌入混凝土或插入钢筋笼并灌入水泥砂浆。在管棚的保护下可采用正台阶法或分部开挖法开挖。管棚长度应按地质情况选用，并应保证开挖后管棚仍有足够的超前长度（不小于1.5 m）。根据实践经验，以20 m一棚为好，钢管每节长度4～6 m，所以在压入管节过程中需要纵向接长，其方法可采用焊接或丝扣连接（丝扣长度不应小于15 cm）。

钢管直径可选用80～180 mm，钢管间的中心距离按其用途决定，一般为30～50 cm，也可采用密排形式构成一个连续的钢管棚。

钻孔前最好在开挖面上架设受力拱架，并精确定出钻孔位置，保证钻孔时不产生偏移和倾斜。钻孔时如出现卡钻或坍孔，应注浆后再钻，也可直接将钢管顶入。钻孔直径一般应比管径大20～30 mm，在钢管压入钻孔过程中，必须用测斜仪严格控制上仰角（一般为1°～2°）。

（三）预注浆加固地层

1.注浆方法分类

注浆法主要是通过注浆设备向地层中注入凝结剂（主剂加胶凝剂）固结地层，减少地层的渗透性，提高地层的稳定性和强度。目前国内外所采用的注浆方法有以下几种。

（1）渗入性注浆

渗入性注浆即在注浆过程中，浆液充填地层中被排出的空气和水的空隙，胶凝成固结体，以提高地层的稳定性和强度。

（2）劈裂性注浆

劈裂性注浆即在注浆过程中，在注浆压力的作用下，浆液作用的周围土体被劈裂并形成裂缝，通过土体中形成的浆液脉状固结作用来增强土体内的总压力，以提高其强度和稳定性。

（3）压密性注浆

压密性注浆即用浓稠的浆液注入土层中，使土体形成浆泡，向周围土层加压使其得到加固。

（4）高压喷灌注浆

高压喷灌注浆即通过注浆管在高压作用下，在管底部的特殊嘴中喷射出高速气流，促使土粒在冲击力、离心力及重力作用下，随注浆管的向上抽出与浆液混合形成柱状固结体，以达到加固的目的。

2.预注浆加固地层的方法

隧道中采用预注浆加固地层的方法大致有：在开挖工作面上打超前长导管或小导管注浆；对浅埋隧道从地面向隧道所在区域打辐射状或平行状钻孔并注浆；在所设置的平行导坑内向正洞所在区域钻孔注浆。目前较为常用的是超前小导管注浆。

小导管注浆属渗入性注浆。在开挖掘进前，先用喷射混凝土将开挖面和5 m范围内的坑道封闭，然后沿坑道周边打入纵向带孔的小导管，使用注浆设备将浆液压入小导管内，并通过管壁的注浆孔注入地层微小孔隙中，排出其中的空气和水而胶凝成固结体，在坑道周围形成一个加固圈，在此圈的掩护下安全地进行开挖等作业。

（1）注浆材料

注浆材料分为粒状浆材与化学浆材两大类。粒状浆材主要有纯水泥浆和黏土（膨润土、粉煤灰）。它一般适用于裂隙宽度（或粒径）大于1 mm的断层破碎带和卵石地层。化学浆材适用于粒径小于1 mm的粉细砂层和细小裂隙岩层及断层泥地段。化学浆材可分为有机化学浆材和无机化学浆材。

有机化学浆材主要有环氧树脂类、甲基丙烯酸酯类、聚氨酯类和木质素等。其特点是可注性好，黏结强度高，可按工程需要调节浆液胶凝时间，它适用于重要工程的加固和防渗漏等。但浆材的价格昂贵，一般隧道工程难以承受。

无机化学浆材中使用最早、目前仍然广泛采用的是水玻璃类浆材。它具有材料来源广、价格低、可注性好、可根据工程需要来调节浆液胶凝时间等特点。但水玻璃类浆液固结体强度较低，为此，可采用水玻璃与水泥浆混合液进行双液注浆来提高其强度，但在粒径小于1 mm的粉细砂层中不能使用。

（2）注浆效果检查

注浆结束后必须对注浆效果进行检查，其方法如下。

①分析法。对每个孔的注浆压力、注浆量记录进行检查分析，看其是否达到设计要求；根据注浆判断注浆过程中漏浆是否严重；并以浆液注入量估算其扩散半径是否与设计相符。

②检查孔法。用地质钻机按设计孔位和角度钻检查孔取岩芯进行鉴定。

③声波监测法。用声波探测仪测量岩体声波速度，判断注浆效果。

检查结果如未达到要求，应进行补孔注浆。待被注地层固结后（固结时间由现场试验确定）方可开挖。开挖循环长度应根据导管长度而定，但必须留有一定长度的止浆墙。

三、隧道施工方案选择依据

施工方案的选择是施工组织设计最重要的环节，是决定工程全局的关键。因为施工方案一经确定，则整个工程施工的进度、人力与机械的需要和布置、工程质量及施工安全、工程成本、现场的状况等也随之被确定。施工方案的优劣，在很大程度上决定了施工组织设计的质量和施工任务完成的好坏。

施工方案包括的内容很多，概括起来主要有四项：拟订施工过程中的施工方法，总的施工程序安排，选择施工中所使用的大型机械设备，保证质量和安全的主要技术措施。

选择施工方案的基本要求是：优质、安全、快速、经济以及均衡生产。隧道施工方案是根据工程所处地理位置、工程地质和水文地质资料、开挖断面大小、衬砌类型、隧道长度、工期要求、施工技术力量、施工机械设备情况、施工中劳动力和原材料供应情况、工程投资与营运后的社会效益和经济效益、施工安全状况、有关污染和地面沉降等环境方面的要求和限制等综合因素经研究确定的。

这里需强调的是：要重视一些辅助施工工序和措施，如施工过程中的运输出渣、风水电作业，为稳定开挖面或为防止地面沉陷大而应对地层进行预支护或预加固等措施。施工措施也应根据地形条件、围岩条件、涌水状况、施工方法、环境要求等因素确定。

此外，对于地质条件变化较大的隧道，选用的施工方法应有较大的适应性，当需要变更施工方法时，一般选用安全度大的施工方法，并以较少影响施工进度为原则。总之，要做到因地制宜、安全、合理、有效。另外，重大施工方案如与原设计出入较大，则应提请建设、设计、监理三方共同研究确定。

概括起来，选择施工方案时，要考虑的因素有如下几方面：

①工程的重要性一般由工程的规模、使用上的特殊要求，以及工期的缓急体现出来；

②隧道所处的工程地质和水文地质条件；

③施工技术条件和机械装备状况；

④施工中动力和原材料供应情况；

⑤工程投资与运营后的社会效益和经济效益；

⑥施工安全状况；

⑦有关污染、地面沉降等环境方面的要求和限制。

应该看到隧道施工方法的选择，是一项“模糊”的决策过程，它依赖于有关人员的学识、经验、毅力和创新精神。对于重要工程则需汇集专家们的意见，广泛论证。必要时还应当开挖试验洞对理论方案进行实践验证。

从目前我国公路隧道发展趋势来看，在今后很长一段时间内，我国仍以采用新奥法为主，这也符合世界潮流。

第四章　公路隧道的施工技术

作为一种典型的地下交通运输结构，隧道结构与其他结构有着显著的区别，它的结构特性、作用荷载、简化模型都更加复杂。为了更加系统地认识隧道的结构以及相关情况，首先我们要对不同隧道结构的施工技术有所了解。本章分为四部分，主要内容包括盾构法隧道施工技术、沉管法隧道施工技术、顶管法隧道施工技术、浅埋法隧道施工技术。

第一节　盾构法隧道施工技术

一、盾构法隧道施工简介

（一）概念

“盾构”一词的含义在土木工程领域中为遮盖物、保护物。这里把外形与隧道横截面相同，但尺寸比隧道外形稍大的钢筒或框架压入地中构成保护掘削机的外壳。该外壳及壳内各种作业机械、作业空间的组合体称为盾构机。实际上盾构是一种既能支承地层的压力、又能在地层中掘进的施工机具。以盾构机为核心的一整套完整的建造隧道的施工方法称为盾构法。

（二）特点

1.施工的优越性

①在盾构的掩护下进行开挖和衬砌作业，有足够的施工安全性。

②地下施工不影响地面交通，在河底下施工不影响河道通航。

③施工操作不受气候条件的影响。

④产生的振动噪声对环境危害较小。

⑤对地面建筑物及地下管线的影响较小。

2.适用条件

在松软含水地层或地下线路等设施埋深达到10 m或更深时，可以采用盾构法。

①线位上允许建造用于盾构进出洞和出渣进料的工作井。

②隧道要有足够的埋深，覆土深度宜不小于6 m且不小于盾构直径。

③相对均质的地质条件。

④如果是单洞则要有足够的线间距，洞与洞及洞与其他建（构）筑物之间所夹土（岩）体加固处理的最小厚度为水平方向1.0 m，竖直方向1.5 m。

⑤从经济角度讲，连续的施工长度不小于300 m。

3.优缺点

盾构法问世以前构筑隧道的主要施工方法是明挖法（也称开挖法）。但就城市隧道的施工而言，明挖法存在以下缺点：受地形地貌、环境条件的限制；易造成周围地层的沉降，进而威胁周围构造物的安全；长时间中断交通，给周围居民出行带来麻烦；商业街停业会带来巨大的经济损失；长时间切断供水管道、通信电缆、电力电缆、下水道、煤气管道等地下管线，给周围居民生活带来诸多不便；施工中的出土、回填土等土方作业严重影响空气质量；施工噪声和振动污染环境；另施工易受天气影响。

盾构法由于是地下施工，属暗挖法，故明挖法的上述诸多缺点均不存在，因此得以迅速发展。现在人们不仅开发出了软土层盾构法，而且还开发出了适于硬地层（如卵石层、软岩层等地层）、岩层的盾构法。

归纳起来，盾构法存在如下一些优点。

①对环境影响小。具体来讲，包括以下几方面的内容。

a.出土量少，故周围地层的沉降小，对周围构造物的影响小。

b.不影响商店营业，无经济损失；无须切断、搬迁地下管线等各种地下设施，故可节省搬迁费用。

c.对周围居民生活、出行影响小。

d.无空气、振动污染问题。

②施工不受地形、地貌、江河水域等地表环境条件的限制。

③地表占地面积小，故征地费用少。

④适于大深度、大地下水压施工，相对而言施工成本低。

⑤挖土、出土量少，利于降低成本。

⑥盾构法构筑的隧道的抗地震性极好。

⑦适用地层范围宽，软土、砂卵土、软岩直到岩层均可适用。

显而易见，盾构法极为适于城市隧道的构筑。目前盾构法已在城市隧道施工技术中确立了稳固的统治地位。目前它正朝着全部机械化、自动化、智能化（计算机控制）的方向发展。

但是盾构法同样也存在如下一些缺点：

①对断面尺寸多变的区段的适应能力差；

②新型盾构机购置费昂贵，对施工区段短的工程不太经济；

③工人的工作环境较差。

二、盾构法隧道施工的具体做法

（一）前期准备

盾构法隧道施工准备工作，主要有盾构机拼装室和拆卸室的修建、盾构机基座的安装、盾构机进出洞的设置、后盾管片的拼装及拆除，以及附属设施的准备等等。

1.盾构机拼装室和拆卸室的修建

由于盾构法隧道施工属暗挖施工，上部覆有一定厚度的土层，如水底隧道的河床下面部分，为了穿越河道拼装盾构机需专门修建盾构机拼装室。到了河对面，盾构法施工终端为了拆卸盾构机需修建盾构机拆卸室。若推进长度很长，中间还应设置检修工作井。一般这些井都应结合隧道规划线路上的通风竖井，设备井、泵房或两种施工方法、两种结构断面的连接井综合考虑设置。在不稳定地层中，常采用沉井法施工。沉井的位置设于隧道中线上，底端作为盾构机拼装室，盾构机可在井内进行拼装或拆卸（小盾构总重量较轻，可在地面拼装好后直接吊置在井内）。

拼装井的尺寸应根据盾构机装、拆及施工要求来确定。其宽度应比盾构机直径大1.6～2.0 m，以满足拼装工人铆、焊等工作要求。井口长度（盾构机推进方向）除了满足盾构机的安装要求外，还要考虑拆除洞门封板和在盾构机后面布置后座敷设一定数量的后盾管片，以及井内垂直运输所需的空间。此外，还要考虑洞门与衬砌间空隙的充填封板工作及临时后座衬砌环与盾构导轨间的填实工作，在盾构机下部应保证留有1 m左右高度。当然，盾构机拼装室在综合使用时，其尺寸还应满足建筑上及运营上的要求。

2.盾构机基座的安装

在井内底部应构筑盾构机基座以便拼装及搁置盾构，更重要的是通过基座上的导轨使盾构机获得正确的导向。盾构机基座一般可以采用钢筋混凝土或钢结构，其表面与盾构机外壳相适应。导轨一般布置在盾构机下半部的90°范围内，由两根或多根钢轨组成。基座除承受盾构机自重外，还要考虑纠偏时产生的集中荷载。

3.盾构机进出洞的设置

盾构机从工作井进出是盾构法施工的重要环节之一，处理得好，能减少许多后患，保证施工速度和安全。当盾构机在工作井内安装完毕，所有掘进准备工作就绪后即可出洞。常见的方法是在沉井壁上预留洞及安设临时封门，故只要拆除临时封门，逐步推进盾构机进入地层，使盾构机最终脱离工作井即算出洞完毕。当盾构机直径大、埋深大、地层松软、含水量大时，出洞还需考虑人工井点降水、局部地层加固等辅助设施，以稳定洞口地层（因地层经过沉井施工，已经扰动，土层强度大大降低，属极不稳定地层）和防止漏水。若采用气压盾构法施工，还需将盾构机推进到足够距离能保证设置气闸墙及将出洞口部分井壁与衬砌环连接的防水堵漏工作做好后，才可停止辅助设施工作。

临时封门呈圆形，直径稍大于盾构机，其构造形式众多，常见的有砖石、木块、混凝土、钢筋混凝土及钢封门等多种。

4.后盾管片的拼装及拆除

盾构机刚开始掘进时，其后座推力要靠工作井井壁来承担，因此，在盾构机与井壁之间需设传力设施以缓冲井壁受力。通常采用废弃隧道衬砌管片（顶部不能连续成整环，作为垂直运输的进出口）或以专用顶块与顶撑作为后座。

利用管片做后座有许多优点：隧道衬砌管片与后座衬砌尺寸一致，连接方便，拆除也方便，且不需另行设计；可以利用隧道施工的整套设备；井底车场与隧道内有轨运输连接方便。为保证后座管片的刚度，管片之间要错缝，联结螺栓要拧紧。顶部开口部分，在不影响垂直运输的区段应加支撑拉杆拉住。脱出盾尾后，在基座与管片表面间要及时用木楔打好，使拼好的后座管片平稳地坐落在盾构机基座的导轨上，以保证施工安全。

后座衬砌除了垂直运输的开口外，要根据隧道施工布置的人行平台，拼出一个门洞（做成一个钢制框架，与后座衬砌拼装在一起，它能承受盾构机千斤顶的顶力，不变形）以供施工人员进出。

当工作井平面位置出现施工误差，影响到隧道轴线与后座壁的垂直度，后座衬砌与后座井壁间会产生一个不等距的建筑空隙，此时常用低标号混凝土填平补齐，使盾构机推力均匀地传给井壁，将来拆除后座衬砌时比较方便。

后座衬砌一般要从盾构机出洞，进入另一个工作井后才可拆除，主要是为了保证衬砌不挤裂。若隧道较长，盾构机顶力已能由隧道衬砌与地层间摩阻力来平衡时（至少推进200 m），也可拆除。

5.附属设施的准备

盾构法施工的附属设施主要有供电照明设备、通风及空压机房、排水泵房、涂料棚、充电间、出土有轨运输系统及工作井垂直运输系统等。若为管道运输，还应有泥水处理系统等。

（二）施工过程

该工法的大致施工过程如下：

①建造竖井（盾构机出发竖井和接收竖井）或者基坑（出发基坑和接收基坑）。

②把盾构主机和配件分批吊入进发竖井中，并在预定进发掘进位置上组装成整机，随后调试其性能使之达到设计要求。

③盾构机从竖井或基坑墙壁上的开口（可人工开口，也可由盾构刀盘直接掘削）处进发，沿隧道的设计轴线掘进。盾构机的掘进是靠盾构机前部的旋转掘削刀盘掘削土体（这里把刀盘掘削的地层面称为掘削面），掘削土体过程中必须始终维持掘削面的稳定，即保证掘削面上的土体不出现坍塌。为满足这个要求必须保证刀盘后面土舱内土体对地层的反作用压力（称为被动土压）大于等于地层的土压（称为主动土压），靠舱内的出土器械（螺旋杆传送系统或者吸泥泵）出土，靠中部的推进千斤顶推进盾构机前进，由后部的举重臂和形状保持器拼装管环（也称隧道衬砌）及保持形状，随后再由尾部的背后注浆系统向衬砌与地层间的缝隙中注入填充浆液，以便防止隧道和地面的下沉。

④盾构机掘进到达预定终点的竖井或基坑时，盾构机进入该竖井或基坑，掘进结束。随后检修盾构机或解体盾构机运出。

上述施工过程中，保证掘削面的稳定、盾构机沿设计路线的高精度推进（盾构机的方向、姿态控制）、衬砌作业的顺利进行等三项工作最为关键，有人将其称为盾构法的三大要素。当然其他作业也不能不予重视。

（三）施工步骤

盾构法由以下几个步骤组成：

①在置放盾构机的地方打一个垂直井，再用混凝土墙进行加固。

②将盾构机安装到井底，并装配相应的千斤顶。

③用千斤顶之力驱动井底部的盾构机往水平方向前进，形成隧道。

④将开挖好的隧道边墙用事先制作好的混凝土衬砌加固，地压较高时可以采用浇铸的钢制衬砌加固来代替混凝土衬砌。

在盾构法施工中，隧道一般采用以预制管片拼装的圆形衬砌，也可采用挤压混凝土圆形衬砌，必要时可再浇筑一层内衬砌，形成防水功能好的圆形双层衬砌。

第二节 沉管法隧道施工技术

一、沉管法隧道施工简介

（一）概念

沉管法是最近几年由于技术的成熟发展起来，得到越来越多的关注，并广泛推广应用的一种水下隧道施工方法。沉管法，也称为管段浮运沉埋法，具体施工是管段在干坞或船坞按照设计隧道的形状和大小，在干坞内预制好管段，在预制管段的同时可以在沉放位置挖掘基槽，在管段按照设计要求完成管道的预制后，注入水进行管道的泄漏试验。

在管段的各项设计标准符合要求后，使管段上升到水面，坞门打开，此时若水流和天气条件满足浮运条件，管段可以沿运输通道开始浮运。同时，用系泊系统定位管段，采用起重船或浮动驳船精确沉放管段，将相邻的管段进行拉合作业，最终目标是完成接头处理。然后，对管段进行基础处理和回填覆盖基础土，最终使这些管段结合形成一个完整可运行的水下隧道。使用这种方法建造的隧道即沉管隧道。

（二）特点

沉管法修筑隧道的施工特点具体如下：

1.对地质水文条件适应能力强

沉管法在隧址的基槽开挖较浅，基槽开挖和基础处理的施工技术比较简单，而且沉管受到水的浮力，作用于地基的荷载较小，因而对各种地质条件适应能力较强。管段采用先预制再浮运后沉放的方法施工，避免了难度很大的水下作业，故可在深水中施工，而且对于潮差和流速的适应能力也强。

2.沉管隧道的防水性能好

每节预制管段由于很长，一般约100 m（而盾构隧道预制管片环宽仅为1 m左右），因而，沉管隧道的管段接缝数量很少，管段漏水的机会与盾构管片相比大幅减少。另外，沉管接头采用水力压接法后，可达到滴水不漏的程度，这一特点对水底隧道的营运至关重要。

3.沉管法施工工期短

每节预制管段由于很长，一条沉管隧道只用几节预制管段就可完成（广州珠江隧道只用5节预制管段，每节长22～120 m不等），而且管段预制和基槽开挖可同时进行，管段浮运沉放也较快，这就使沉管法的施工工期与其他施工方法相比要短得多。特别是管段预制不在隧址，使隧址受施工干扰的时间相对较短，这对于在运输繁忙的航道上建设水底隧道十分重要。

4.沉管隧道造价低

沉管隧道水底挖基槽的土方数量少，而且比地下挖土单价低，管段预制整体制作与盾构隧道管片预制相比所需费用也低。管段接缝少，接缝处理费用低，因此沉管隧道与盾构隧道相比，每延米的单价更低。而且沉管隧道由于可浅埋，隧道全长相对埋深大的盾构隧道要短得多，这样工程总造价可大幅度降低，能节省大量的建设资金。

5.施工条件好

沉管隧道施工时，预制管段、浮运沉放管段等主要工序大部分都是在水上进行的，水下作业极少，除了少数潜水工作外，工人都在水上操作，也无须气压作业，因此施工条件好，施工较为安全。

此外，由于沉管隧道可浅埋，与埋深较大的盾构隧道相比，沉管隧道路面标高可抬高，这样，与岸上道路很容易衔接，无须做较长的引道，线形也较好。

6.沉管隧道可做成大断面多车道结构

沉管隧道施工时，由于采用先预制后浮运沉放的施工方法，故可将隧道横向尺寸做大，一个隧道横断面可同时容纳4～8个车道，而盾构隧道施工时受盾构尺寸的影响不可能将隧道横断面做得很大，一般为双车道。

二、沉管法隧道施工的具体做法

（一）隧道结构特点

沉管隧道的整体结构一般由所挖基槽、基础、管段、覆盖层等组成，管段整体坐落于河（海）水底。

沉管隧道在纵断面上一般由四部分组成，分别为岸边竖井、敞开段、沉埋段、暗埋段。在沉管隧道的两端一般会设置一个竖井作为起点。根据沉管隧道项目的具体地形和地质条件，建设单位也可以选择不设置竖井直接将沉埋段与暗埋段连接起来。

沉管隧道的横截面结构形式有非常多的区分方法：按形状，可以分为圆形、矩形；按断面布局，可以分为单孔式和多孔式。

（二）前期准备

由于沉管隧道施工必须同时在水上和陆上进行，施工管理复杂，因此，有必要为前期建设做准备。沉管隧道施工的前期准备工作一般包括以下几点。

①对施工现场的调查和审查，目的主要是对施工现场进行勘查，勘查的内容主要包括水文、气候、地形等有关情况和资料。

②确定施工组织机构、施工组织设计和人员配备，制定相应的隧道工程质量安全管理体系。

③进一步了解和研究设计院给出的相关设计文件和技术文件。

④结合施工单位的经验和技术条件，必要时向施工单位和设计单位提出局部设计变更和改进的建议，经协商后进行修改。

⑤为进一步掌握情况和信息，对施工方案和施工时编制的标书可以进行重新评估，并对方案和技术措施进行深入研究，修改或重写施工组织设计。

⑥根据现场勘查后的施工条件进行设备、材料采购；积极尽早地为大型设备提供施工技术资料，人员资料、办理相关施工许可证，施工许可证主要由海事、水运、城建、环保等部门颁发。

（三）施工过程

对于每个沉管隧道工程，其施工可分为三部分：预制管段、江中沉放、锁定施工。只有对这三个主要部分进行研究和处理，才能保证建造出满足规划、设计和运营管理要求的高质量沉管隧道。

在沉管隧道的一般施工工艺流程中，管段预制、基槽浚挖、管段基础处理、管段的浮运、沉放与水下连接、回填覆盖是施工的主体。下面将对管段预制、管段基础处理、沉放与水下连接进行重点介绍。

1.管段预制

制作沉管隧道管段的地点一般为在隧道周围建成的干坞，应根据周围的施工环境或者功能作用对干坞进行选择。干坞根据结构类型分为两种形式：固定干坞和移动干坞。而固定干坞又分为两种：轴向干坞和备选干坞。

（1）管段预制干坞的选择

干坞的选择一般遵循以下原则：

①固定干坞，一般围绕隧道，便于浮运安装和下沉作业。对于管段数量多、结构差异小的管段，可采用工厂生产方式。

②对于移动式干坞，管段的结构形式多为钢结构和混凝土组合结构。

一般采用移动式干坞时，需要较深的船坞，便于浮运安装作业。

（2）干坞方案

干坞为池式建筑物，干坞底面低于水面，是建造沉管段的必要场所。干坞通常用于在隧道周围的低洼地区开挖预制隧道管段。干坞是一个临时工程。隧道建设完成后，干坞的工作任务完成，它将被拆除。管节尺寸选定后，管段预制施工可在干坞内进行。

干坞设有混凝土搅拌站，水泥、骨料、钢材等堆场，各种机械加工停放车间，交通、供水、供电、消防、防洪等配套设施齐全。在建设移动干坞时，首先要选择合适的码头和半潜式驳船。选择合适的码头后，半潜式驳船进入现场和泊位。在岸上，要安装起重设备——塔式起重机。在半潜式驳船上，要先设置测量控制点，再进行沉管管段的预制。

2.管段基础处理

处理沉放管段基础的目的是使沟槽底面平整，而不是提高地基的承载力。在水下开挖的沟槽，其底面凹凸不平，如不加以整平，管段沉放后会因地基受力不均匀而导致局部破坏，或因不均匀沉陷而开裂。为了提高沟槽底面的平整性，绝大多数建成的水底隧道都采用垫平的方法。

早期大多采用一种在管段沉放之前先铺沙石作为垫层的先铺法。它是在作业船上通过卷扬机和钢索操纵特制的刮铺机或钢犁，沿着沟槽底面两侧设置的具有规定标高和坡度的导轨，将放下的垫料往复刮平。该方法的缺点较多。

另一种垫平的方法为后填法，即先将管段沉放在沟槽底上的临时支座上，并使管底形成一定的空间（管段底板内预设液压千斤顶，在定位时可以顶向支座，调节管段高程），随后用垫层材料充填密实。后填法中最早用的是灌砂法，仅适用于底宽不大的船台型管段。

20世纪40年代初创造成功的喷砂法，适用于宽度较大的大型管段。从水面上用砂泵将砂水混合料通过伸入管段底下的喷管向管底空间喷注，使形成一厚实均匀的砂垫层，喷砂作业应设专用台架和一套喷砂与回吸用的L形钢管。喷砂开始前，可利用它清除沟槽底上的回淤土或塌方土。

喷砂完毕，随即松开定位千斤顶，利用管段重量将砂垫层压实。这一基础处理方法在欧洲用之较多。

20世纪70年代，日本用沉管法建造东京港、衣浦港等水底隧道时，采用了压浆法、压混凝土法等管段基础处理的新技术。

3.沉放

浮箱吊沉法是比较新的一种管段沉放法。通常在管段上方放4只方形浮箱，用吊索直接将管段系吊，浮箱分成前后两组，每组两只浮箱用钢桁架联成整体，并用锚索将各组浮箱定位，在浮箱顶上安设起吊卷扬机和浮箱定位卷扬机。

管段的定位应在其左右前后另用锚索牵拉，其定位卷扬机则设于定位塔的顶部。这一沉放法的主要特点是设备简单，适用于宽度20 m以上的大、中型管段。沉管法小型管段可采用方驳杠吊法，即在管段两侧分设4艘或2艘方驳船，左右两艘之间设钢梁作杠吊管段的杠棒。这一方法在沉放时较平稳，且在浮运时可以用左右的方驳夹住管段以提高稳定性。

4.水下连接

20世纪50年代以前，对钢壳制作的管段，曾采用水下灌筑混凝土的方法进行水下连接。对钢筋混凝土制作的矩形管段，普遍采用水力压接法。此法是在50年代末期在加拿大隧道实践中创造成功的，故也称温哥华法。它利用作用于管段后端封墙上的巨大水压力，使安装在管段前端周边上的一圈尖肋型胶垫产生压缩变形，形成一个水密性良好的止水接头。

水力压接法的施工工序如下。在每节管段下沉着地时，先结合管段的连接，进行符合精度要求的对位，然后使用预设在管段内隔墙上的2台拉合千斤顶（或利用定位卷扬机），将刚沉放的管段拉向前一节管段，使胶垫的尖肋略为变形，起初步止水作用。完成拉合后，即可将前后两节管段封墙之间被胶垫封闭的水，经前节管段封墙下部的排水阀排出，同时利用封墙顶部的进气阀放入空气。

排水完毕后，作用在整个胶垫上更为巨大的水压力将其再次压缩，达到完全止水。完成水力压接后，便可拆除封墙（一般用钢筋混凝土筑成），使已沉放的管段连通岸上，并可开始铺设路面等内部装修工作。

（四）测量方法

由于目前使用沉管法建造隧道是一种比较新的施工方法，所以它的测量方法会和其他普通隧道的测量方法有所不同。具体的沉管隧道测量方法如下：

①测量平面及控制高程；

②标定管段特征点；

③测量管段沉放的位置；

④测量管内的多个内容。

第三节　顶管法隧道施工技术

一、顶管法隧道施工简介

顶管法，又称为顶推法。顶管法施工是一种非开挖铺设隧道的施工方法。

需要用顶管法施工的地方有很多，如穿越江河湖泊、丘陵山脉等的长距离顶管法施工，顶管长度一般为300～500 m，还有更长的；也有穿越铁路、公路、地面建筑物等的顶管法施工，此时顶管长度为30～60 m，一般称为短距离顶管法施工。

顶管法施工的基本原理为先在工作坑内设置支座和安装液压千斤顶，借助主顶油缸及管道间中继间等的推力，把工具管或掘进机从工作坑内穿过土层一直推到接收坑内吊起；与此同时，紧随工具管或掘进机，将预制的管段顶入地层。边顶进，边开挖地层，边将管段接长。

顶管法是极为重要的一种都市铺设管道的施工手段，采用顶管法铺设管道具有如下优势。

①顶管法是顶管铺管技术的一种，其在国外已广泛使用，在国内也已逐渐普及。由于不开挖地面，所以能穿越公路、铁路、河流，甚至能在建筑物底下

穿过，是一种能安全有效地进行环境保护的施工方法。

②顶管法不开挖地面，故而被铺设管道的上部土层未经扰动，管道的管节端不易产生段差变形，其管寿命亦大于开挖法埋管。

③采用房下顶管法施工能节约一大笔征地拆迁费用，减少动迁用房，缩短管线长度，有很大的经济效益。

④顶管法不仅仅用于管线铺设，它还具有灵活的排管施工方式。它在管棚施工方面也具有优势。管棚施工是指在地下构筑物施工前，先利用密排的钢管做成各种断面形状的管棚，对地面建筑物在施工过程中起到保护作用，或者是为了达到某种特殊要求而采取的一种辅助施工措施。

⑤随着顶管法施工范围的扩大，顶管法机械的性能越来越适应各种土质。顶管特别适用于中小型管径管道的非开挖铺设，与其他非开挖设备相比具有独特的优点。

二、顶管法隧道施工的具体做法

（一）理论准备

1.注浆减摩作用机理

（1）注浆材料性能与作用机理

在顶管法施工中应用最为广泛的注浆材料是膨润土泥浆。膨润土泥浆是由膨润土、CMC（粉末状化学糨糊）、纯碱、水等按照一定比例进行配比组合而成的，其中膨润土约占5%。

膨润土经过加水搅拌后成为悬浮液，当膨润土悬浮液没有受到外力扰动而处于静止状态时，其中薄片状的蒙脱石微粒会由分散状态经过絮凝，形成凝胶体。在顶管法施工过程中，浆液在外力作用下会受到扰动，如被搅拌、振动或泵送进管土之间空隙，其中凝胶体状态的微粒结构被破坏、分散，转变成为具有黏性能够流动的胶状液体。当浆液长时间未受到扰动再次处于静止状态时，又会形成凝胶体。随着膨润土泥浆状态的不同，液体和凝胶体之间的这种交替转换可以发生无数次，膨润土泥浆的这种特性称为触变性。

膨润土泥浆的触变性有助于其成为管土间良好的减摩剂。当膨润土泥浆受到施工的扰动变为黏性液体时会大大减少管土间的摩阻力；当膨润土泥浆静止时会成为凝胶体以支撑地层。

顶管法施工工艺的特殊性会导致后续顶管管片的外径比掘进机的外径要小2～5 cm，由于管径差的存在，从注浆孔注入的泥浆会先填满管道与周围土体之间的空隙，抑制地层损失。

在注浆压力的作用下，泥浆逐渐与管道周围土体接触，先是泥浆中的水分充满管道周围土体颗粒间的空隙，然后泥浆向土体颗粒间渗透，渗透的距离取决于注浆压力的大小。

当大量泥浆与土体混合后会形成较为致密的渗透块，在注浆压力的作用下，渗透块间逐渐黏结与巩固从而形成了泥浆套。泥浆套能够阻止泥浆向土体中渗透，同时能够把超过地下水压力的液体压力传递给土颗粒，形成有效应力压实主体，起到对已开挖隧洞的支撑作用。

（2）注浆对土层位移的影响

由于采用顶管法施工时掘进机与管道外径之间存在差异，当顶管机开挖完成、管道开始顶进后，管道周围土体在自重应力作用下要填补这部分空隙，从而使得地表发生一定沉降。

在后续顶进施工时，管道周围的土体会在剪切摩阻力的作用下沿着管道轴线方向不断前后移动，合理的注浆可以减小该部分土层的移动。

隧道周围土体的移动一定程度上受注浆压力的影响，当注浆压力过大时会挤压周围土体，使得隧道周围土体产生侧向位移或使地表处土体隆起。同时，过高的注浆压力会增加管道周围正压力使顶管推进变得困难；当注浆压力过小时，则无法在管土间形成完整的泥浆套，达不到减摩效果。当注浆压力合适时，则能够使浆液进入管道外壁，且不扰动地层。

顶管工程注入的浆液会随着注入时间的增加逐渐向土体中渗透和扩散，减弱注浆效果，增加管道与土体间的摩阻力，为此，在施工过程中要不断进行补浆以期在施工全程中保持泥浆套的完整。根据工程经验，每隔2～5节管段要在管片上设置一定的补浆孔。

（3）顶管法注浆作用机理及其与盾构法的区别

顶管法注入膨润土泥浆的主要作用是支撑地层与减小摩阻力。盾构法注入混凝土泥浆的主要作用是填充由施工工艺造成的开挖空隙，起到稳定土体的作用。

一般情况下盾构法施工注浆只需注入一次，若后期有漏浆等情况也可进行二次注浆，主要目的还是填充地层、减小土体位移，而顶管法施工除在施工中需要保持注入浆液工作性能良好外，往往还需要多次补浆以保持管道与土体间的润滑效果，在一段顶管施工结束后需注入混凝土泥浆即进行浆液置换。综上所述，顶管法施工时由于需要保持浆液的触变性及进行多次注浆，由注浆造成的土体损失要大于盾构法。

2.顶管工程受力分析

在顶管法施工过程中，土体受到的力主要有开挖面上的迎面阻力、顶管机外壳与土体间的摩阻力、注浆压力以及顶管顶进过程中管道与土体之间的摩擦阻力。

在顶管法施工的过程中，顶管管节在土体中处于复杂的受力状态，在垂直顶进方向上顶管主要受到的力是顶管上方覆土层的土压力、管节自身的自重、地下水压力等；在顶管顶进方向上主要受到千斤顶施加的顶推力、管土之间的摩擦力、掌子面上的迎面阻力，顶推力理论上应为管土摩擦阻力与迎面阻力之和。

假设顶管顶进过程中管道不发生偏离轨道、侧转等，即顶力中心与顶管管节中心一直处于同一条直线上，则顶推力为管土摩擦阻力与迎面阻力之和，因此，确定迎面阻力的界限值大小对于确定顶推力大小起着决定性作用，而顶推力的设计又是整个顶管法施工中最为重要的环节。若顶推力过小则顶管顶进速度过慢或者无法顶入；若顶推力过大则会顶翻后座墙，导致顶管工程失败。

目前顶管法施工中应用最多的是土压平衡式顶管机，其迎面阻力主要由作用在切削刀盘上的阻力、工作腔压力、切屑工具管刃口上的阻力三部分组成。

（二）前期准备

1.地面准备工作

①进行施工水电、通道、排水、照明等设备的安装。

②施工材料、设备及机具需齐备并应满足工程的施工要求，管材、止水橡胶圈等应备有足够的余量。

③建立测量控制网，并经过监理的复核、认可。

2.井内准备工作

①制作安装井内下落梯，安装要求牢固，且必须安装防撞笼。

②止水圈安装。顶管机本体通过洞口完全进入土体的全过程中，顶管机与洞口建筑空隙的止水密封是保证顶管机顺利出洞的先决条件，洞口圈的止水密封一旦失去作用，不仅使开挖面土体平衡遭到破坏，而且将导致泥水的流失，造成顶管机周边的土体损失，从而引起洞口土体坍塌等严重后果，故必须在洞口设置密封性能良好的止水装置——止水圈。

止水圈部件由三个部分组成：橡胶圈、压环、压板。首先，打好膨胀螺丝，然后将橡胶圈套在膨胀螺丝上，再将压环压在橡胶圈上，最后将压板压在压环上，并上紧螺丝，压板可以沿着径向在50 mm的范围内移动，从而控制橡胶圈的压紧程度。压板可以保证压紧止水橡胶圈，并在地下水压力太大时，防止橡胶圈翻出。

③导轨安装和固定。导轨的作用是引导复合聚乙烯管按设计的中心线和坡度顶进，保证管节在进洞之前位置正确。导轨安装是否牢固与准确对管道的顶进质量影响较大，因此，安装导轨必须符合排水管的轴线、标高以及坡度的要求。导轨应采用钢轨。

导轨安装好后，应用角铁或槽钢固定在工作井的两壁和前导墙上，之后浇筑素混凝土加固，混凝土面应低于导轨顶面10 cm左右。

④后靠背的下井及安装。后靠背平面应与顶进轴线垂直，可以采用千斤顶辅助安装，并使得后靠背与后座墙之间保留100 mm左右的空隙，用来填充混凝土。后靠背安装好后，要用角铁和后座墙固定连接。

⑤激光架的安装。激光系统是引导顶管机正确顶进和纠偏的示位系统，其重要性可想而知。激光系统由激光经纬仪、激光架和标靶组成。激光架的几何轴线要基本和顶进轴线垂直，以易于激光经纬仪对中。同时，要在激光架旁准确地做好激光经纬仪的对中工作，确保激光经纬仪架好后在顶进轴线上。

⑥千斤顶的安装。在固定好导轨和后靠背，并安装好激光架后，就可以吊装千斤顶了。几组千斤顶的整体几何中心轴线要和顶进轴线重合，千斤顶要尽量贴实后靠背。

⑦浇筑后靠背素混凝土。后靠背和后座墙之间的空隙，要用素混凝土充填密实。

（三）施工过程及步骤

1.顶管出洞段施工

（1）顶管出洞施工步骤

设备调试→顶管机头靠近洞口→拆出洞口封门→顶管机切削加固土体→机头切口进入原状土，提高正面土压力值至理论计算值。

（2）出洞段顶进施工

①拆出洞口封门的准备工作。对全套顶进设备做一次系统调试，在顶管机进入加固区时，应特别注意刀盘在穿越加固层时的切削性能。在确定顶进设备运转情况良好后，机头靠近洞口封门10～50 cm。

②洞口封门拆除。洞口封门拆除前相关人员应详细了解现场情况和封门图

纸，分析可能发生的漏水情况，并准备相应措施，确定封门拆除顺序和方法，分工明确，并由专人统一指挥，保证封门拆除迅速和安全。

③顶进施工。封门拆除后，应立即开始顶进机头，由于正面为全断面的水泥土，为保护刀盘，顶进速度应放慢。另外，可能会出现螺旋机出土困难，必要时可加入适量清水来软化或润滑水泥土。顶管机进入原状土后，为防止机头“磕头”，宜适当提高顶进速度，使正面土压力稍大于理论计算值，以减少对正面土体的扰动及出现地面沉降。

（3）出洞段施工参数

顶管机从始发井出洞后，应尽量减少水土流失，控制好地面沉降。应不断根据地面沉降数据的反馈进行参数调整，及时摸索出正面土压力、出土量、顶进速度、注浆量和压力等各种施工参数最佳值，为正常段施工服务。

2.顶管进洞后的施工

（1）顶管机吊出

顶管机吊出接收井的具体实施步骤如下。

①清除机头土压仓内和螺旋机内的土体。

②拆除刀盘、螺旋机系统相关的液压油管和电线电缆。

③拆除两台螺旋机，将拆下的螺旋机用出土小车拉至工作始发井，吊上地面。

④通过伸缩纠偏千斤顶和加设垫块使机头与管节脱开，机头整体向前顶出，并平稳地落在接收平台上。

⑤利用300 t吊车将顶管机头吊出接收井。

（2）浆液置换

顶管机头吊出接收井后，马上用砖头砌墙，将两头洞门与管节间的间隙封堵。注入双液浆，置换出触变泥浆，对管节外的土体进行加固。双液浆的水玻璃和水泥重量比为1：6。

浆液置换结束后尽快将管节和工作井钢洞门用钢筋连成一体，浇注混凝土，将工作井内壁浇平。

（3）管节间嵌缝

顶管施工结束后，管节间的缝隙采用双组分聚硫密封膏填充。嵌缝前必须将缝隙内的杂质、油污清理干净，要做到平整、干净、干燥。配制好的聚硫膏在缝两侧先刮涂一遍，第二次在缝中刮填密封膏到所需高度，要求压紧刮平，防止带入气泡而影响强度和水密性。密封膏表干时间为24 h，7 d后才达到80%强度。在密封膏未充分固化前要注意保护，防止雨水侵入。

第四节　浅埋法隧道施工技术

一、浅埋法隧道施工简介

（一）概念

按照开挖方式的不同，浅埋法主要分为浅埋明挖法和浅埋暗挖法，在这里着重介绍浅埋暗挖法。浅埋暗挖法是在距离地表较近的地下进行各种类型地下洞室暗挖施工的一种方法。

所谓浅埋暗挖法，就是在城镇软弱围岩地层中，在浅埋条件下修建地下工程，以改造地质条件为前提，以控制地表沉降为重点，以格栅（或其他钢结构）和喷锚作为初期支护手段，按照“管超前、严注浆、短开挖、强支护、快封闭、勤量测”十八字原则进行施工。

浅埋暗挖法是在距离地表较近的地下进行各种类型地下洞室暗挖施工的一种方法。该方法继1984年王梦恕院士在军都山隧道黄土段试验成功的基础上，又于1986年在具有开拓性、风险性、复杂性的北京复兴门地铁折返线工程中得到应用，在拆迁少，不扰民，不破坏环境下获得成功。

（二）主要特点

1 适用条件

浅埋暗挖法是隧道工程和城市地下工程施工的主要方法之一。它适用于不宜明挖施工的含水量较小的各种地层，尤其对城市地面建筑物密集、交通运输繁忙、地下管线密布，且对地面沉陷要求严格的情况下修建埋置较浅的地下结构工程更为适用，对于含水较大的松散地层，采取堵水或降水等措施后该法仍能适用。

但大范围的淤泥质软土、粉细砂地层、降水有困难或经济上不合算的地层，不宜采用浅埋暗挖法施工；采用浅埋暗挖法施工要求开挖面具有一定的自稳性和稳定性，工作面土体的自立时间，应足以进行必要的初期支护作业，否则也不宜采用浅埋暗挖法施工。同时，浅埋暗挖法对覆土厚度没有特殊要求，最浅可至1 m。

浅埋暗挖法的技术核心是依据新奥法的基本原理，在施工中采用多种辅助措施加固围岩，充分调动围岩的自承能力，开挖后及时支护、封闭成环，使其与围岩共同作用形成联合支护体系。它是一种抑制围岩过大变形的综合配套施工技术。

2.优缺点

浅埋暗挖法具有如下优点：

①支护及时。网构钢架＋钢筋网＋喷射混凝土支护施工，能使围岩不因开挖暴露过多而使强度降低，且能迅速给围岩提供支护抗力，从而改善围岩应力状态。

②黏结性。喷射混凝土同围岩能全面密贴地黏结，黏结力一般可达到700 N/cm^2，由于喷射混凝土与围岩紧密黏结，不仅提高了围岩强度，而且减少了围岩应力集中。

③柔性。由于喷射混凝土与围岩密贴黏结，且喷得较薄，故呈现一定柔性，因而易于调节围岩变形，能有效地控制允许围岩塑性区有适度的发展，以发挥围岩的自承能力。

④灵活性。由于喷射混凝土施工工艺可随时调整及可分次完成，因而具有相当大的灵活性，这对于加固围岩、提高其承载力非常有利。

⑤封闭性。由于喷射混凝土能及时施作，而且是全面密贴支护，因而能及时阻止地下水的渗流，抑制围岩的潮解和强度损失，对于保持围岩稳定极为有利。

⑥对结构断面形状的适应性。浅埋暗挖法对断面结构形状适应性强，不但可以轻易地做成圆形、马蹄形、矩形、多跨联拱等形状，而且对不同结构断面转化、衔接都较容易。

但浅埋暗挖法施工也存在一些不足之处：

①对地层的适应性有限。浅埋暗挖法对地层有一定的要求，当开挖面土层自稳时间短、大面积淤泥、含水砂层降水有困难时，不宜采用浅埋暗挖法施工。

②安全性不强。浅埋暗挖法施工，虽然拱顶有管棚护顶，但掌子面是敞开的，掌子面的稳定关系到隧道本身和地面的安全。

③质量不易控制。浅埋暗挖法支护主要由人工完成，施工质量受人为因素的影响，喷射混凝土质量离散性较大，二次衬砌施工缝、变形缝质量不宜保证。

④施工进度慢。浅埋暗挖法日平均进尺两个循环，月平均进尺50 m左右。

二、浅埋法隧道施工的具体做法

（一）技术特点

与深埋隧道可以给支护以适量变形不同，浅埋暗挖法施工时，其支护时间要尽可能提前，支护的刚度也应适当加大，以便抑制地中及地表的变形沉陷。除必须选用适当的开挖方法、支护方式及施工工艺外，还经常采用对前方围岩条件进行改良及超前支护等作为控制地层沉降变形的基本措施。

（二）前期准备

1.确定开挖方法

在浅埋暗挖法施工之前，应根据工程特点、围岩情况、环境要求以及施工单位的自身条件等，选择适宜的开挖方法及掘进方式。必要时，应通过试验段进行验证。

浅埋隧道断面较大时，不宜采用全断面开挖，可采用台阶开挖法或适宜的分部开挖法。

一般山岭浅埋隧道可采用短台阶开挖法或微台阶开挖法。城市及附近地区的浅埋隧道可采用上部留核心土环形导坑开挖法。大断面的城市或山岭浅埋隧道可采用下导洞超前开挖法、中隔墙台阶开挖法、单侧壁导坑开挖法、双侧壁导坑开挖法、中隔壁开挖法、交叉中隔壁开挖法。城市地铁车站、地下停车场等多跨浅埋隧道多采用洞柱开挖法、侧洞开挖法或中洞开挖法。

施工中应尽量减少对围岩的扰动，优先采用掘进机或人工开挖。采用爆破开挖时，应采用短进尺、弱爆破，必要时要对爆破振动进行监控。爆破进尺一般不宜超过1.0 m。

2.确定支护方式

浅埋暗挖法施工的隧道多采用复合式衬砌。支护设计时可分为3种情况：初期支护承受全部荷载，二次支护（内层衬砌）仅作为安全储备；初期支护与二次支护共同承担荷载；初期支护仅作为施工期间的临时支护，二次支护作为主要承载结构。前期设计时应对结构设计、施工方法及支护方式、辅助施工方法等进行综合研究，并经试验段进行验证。在施工过程中，应根据量测数据不断进行改善。

一般地质条件下，初期支护由喷、锚、网、钢架或格构架4种方式组成不同的结构形式。对于浅埋软弱地层，锚杆的作用明显降低，其顶部锚杆由于作用不大而常被取消，此时应采用刚度较大的初期支护，可采用喷射钢纤维混凝土代替网喷混凝土以加快支护速度及提高支护质量。

大断面软弱地层施工采用分部开挖，其初期支护常与临时支护（临时仰拱、中隔墙）结合，使每块分部开挖后都能及时得以封闭。为了强化初期支护，有时在做内层衬砌前才进行拆除。

对于地下水丰富的浅埋隧道，应采用洞内井点降水和周边围岩注浆等措施来改善施工条件。在地表允许的情况下，也可结合深井降水和地面预注浆堵水等措施进行水的综合治理，以减少水的危害，确保施工的安全和围岩的稳定。

（三）施工过程

1.初期支护

在土层中使用浅埋暗挖法，由于地层开挖后的自稳时间短，而且对控制地表沉降要求严格，故在锚喷支护中配置钢拱支撑是绝对必要的。钢拱支撑的作用主要是在喷射混凝土尚未达到必要强度以前，承担地层压力及约束地层变形。钢拱支撑既是临时支撑，又是永久支护的一部分。

由此可见，做好支护工作无疑是浅埋法隧道施工过程中的最初的、也是最重要的环节。

2.二次衬砌

（1）基本要求

在浅埋暗挖法中，初期支护的变形达到基本稳定后，可以进行二次混凝土衬砌灌注工序。通过监控量测，掌握隧道动态，提供信息，指导二次衬砌施作时机，这是浅埋暗挖法中二次衬砌施工与一般隧道衬砌施工的主要区别。其他灌注工艺和机械设备与一般隧道衬砌施工基本相同。

二次衬砌施工前应做好以下几点。

①核对中线、水平、断面尺寸，所有检测数据均应符合设计要求。

②为确保衬砌不侵入限界，允许放样时，将设计衬砌轮廓尺寸扩大3～5 cm，作为施工误差及模板拱架的预留沉落量。

③在隧道断面变化和地质条件变化交界处，应设沉降缝；在洞口附近及设计要求的部位，应设伸缩缝。对以上的沉降缝、伸缩缝及施工缝，均应进行防水处理。

（2）衬砌模板

二次衬砌模板可以采用临时木模板或金属定型模板，更多情况则使用模板台车，因为区间隧道的断面尺寸基本不变，有利于使用模板台车，加快立模及拆模速度。

衬砌所用的模板、墙架、拱架均应式样简单、拆装方便、表面光滑、接缝严密。使用前应在样板台上校核。重复使用时，应随时检查并整修。

模板台车的形式有多种，其外形尺寸应符合设计轮廓尺寸。立模及拆模的动力可分为人工、电动及液压3种。按作业方式分类，又可分为“平移”和“穿行”两大类。穿行式液压衬砌钢模台车是目前国内较先进的施工设备，得到了广泛的应用，衬砌速度约为41.6 cm/h。

（3）混凝土的灌注与捣固

混凝土灌注以前，应做好地下水引排工作，基础部位的浮渣和积水应清除干净，不允许带水作业。

灌注混凝土时，自由落高不得超过2 m，应按搅拌能力、运输距离、灌注速度、振捣等因素确定一次灌注的厚度、次序和方向，并要求分层施工。一般情况应保持连续灌注，允许间歇时间应符合一定的要求，具体如表4-1所示。

表4-1　灌注混凝土允许间歇时间

灌注时气温/℃	允许间歇时间/min	
	普通硅酸盐水泥	矿渣及火山水泥
20～30	90	120
10～20	135	180
5～10	195	—

注：①未考虑外加剂等特殊施工措施。

②尚应考虑混凝土本身的温度。

捣固选用的振捣器，其振幅频率、振动速度等参数，应视混凝土的坍落度及集料粒径而定。

（4）灌注施工的工艺要求

①灌注二次衬砌混凝土应尽可能采用混凝土输送泵。

②应尽可能采用整环灌注的施工安排。当混凝土灌至墙拱交界处时，应间歇约1 h，以便使边墙混凝土沉实。拱圈封顶时，应随拱圈灌注及时捣实。

③所有施工缝应凿毛，按设计要求埋设遇水膨胀止水橡胶条进行防水。

④振捣时，振捣器不得接触防水层及模板，且每次移动距离不宜大于振捣器作用半径的一半。

⑤二次衬砌施工是在初次支护变形基本稳定后进行的。这时的二次衬砌基本不承受外荷，这样当混凝土强度达到2.5 MPa时，即可拆模。否则，应达到

设计强度70%时方可拆模。

⑥养护方式应经济合理，如表面定期洒水，又如铺塑料薄膜或喷涂有机树脂等养护剂。

⑦隧道拱、墙背后空隙必须回填密实，如达不到要求，可采用背后压浆回填。

（四）维护措施

1.现场监控量测

在浅埋暗挖法施工中，应将现场监控量测作为一道工序来进行。应使施工现场每时每刻均处于监控之中，以确保工程安全及控制沉陷变形。量测项目包括A（必测）和B（选测）两类。

现场量测数据应及时绘制成位移-时间曲线（或散点图）。曲线的时间横坐标下应注明施工工序和开挖工作面距量测断面的距离。当曲线趋于平缓时，应进行数据处理或回归分析，以推算基本稳定时间、最终位移值，掌握位移变化规律。应根据量测管理基准及隧道施工各阶段沉陷变形控制标准进行施工管理。

当量测值超过标准时，应研究超标原因。必要时应对已有支护体系进行补强及改进施工工艺。当曲线出现反弯点，即位移数据出现反常的急剧增长现象时，表明围岩与支护已呈不稳定状态，应加强监测和立即对支护体系补强；必要时应立即停止向前开挖及采取稳定工作面的措施以确保施工安全。经妥善处理后，才能继续向前施工。

2.建立管理标准

施工中主要采用位移量测数据作为信息化管理目标。管理基准值应根据现场的特定条件来制定。控制变形总量如表4-2所示。

表4-2　量测数据管理基准参考值

指标内容	日本、法国、德国规范综合值	推荐基础值	
		城市地铁	山岭隧道
地面最大沉陷	50 mm	30 mm	60 mm
地面沉陷槽拐点曲率	1/300	1/500	1/300
地层损失系数	5%	5%	5%
洞内边墙水平收敛	20～40 mm	20 mm	（0.1～0.2）D%
洞内拱顶下沉	75～229 mm	50 mm	（0.3～0.4）D%

注：D——开挖洞室最大跨度，m。

当地面建筑对地层沉陷敏感，采用控制沉陷的多种措施（包括改善围岩条件等）不易达到要求或极不经济时，可以同时采取结构加固的措施，并建立相应的基准值。

隧道施工量测数据管理基准值应细化为各施工阶段控制标准。控制标准数值一般应分为三个控制水平。Ⅰ级为安全值（相应安全系数为1.5～2.0），Ⅱ级为警戒值（安全系数为1.2～1.5），Ⅲ级为危险值（安全系数在1.1左右）。施工中量测数值处于Ⅲ级时，一般应立即停止向前掘进，补强已有支护体系，使已施工地段迅速稳定，并研究改进向前施工的方案。

第五章　公路隧道施工组织设计与管控

公路隧道施工的计划编制和施工阶段都需要进行组织设计，这些施工的基本文件应根据施工文件要求、隧道工程特点、围岩条件、工期要求、周围环境、施工技术装备和施工力量等技术和经济因素做出合理设计，保证隧道施工顺利进行。本章分为公路隧道的施工组织设计，公路隧道施工管理与控制两个部分。主要包括公路隧道施工组织设计的基本原则、公路隧道施工组织设计的程序、公路隧道施工组织设计的准备工作，公路隧道施工组织设计的内容，编制隧道施工组织设计应注意的问题，公路隧道施工计划管控、公路隧道施工技术管控、公路隧道施工质量管控、公路隧道施工安全管控等内容。

第一节　公路隧道的施工组织设计

一、公路隧道施工组织设计的基本原则

第一，要认真贯彻国家对工程建设的各项方针政策，严格执行基本建设程序和施工程序。要严格遵守合同签订的或上级下达的施工期限，按照基建程序和施工程序的要求，保质保量完成施工任务。对工期较长的大型工程项目，可根据施工情况，合理组织力量，确保重点，分期分批进行安排。

第二，要科学安排施工顺序。公路施工应按照公路工程施工的客观规律合理安排施工顺序，在保证工程质量和施工安全的基础上，尽可能降低成本，缩短工期，加快建设速度。

第三，要采用先进的施工技术和设备，确定科学的施工方案。在条件允许的情况下，应结合结构特点和施工现场条件，尽可能采用先进的新技术、新工艺、新材料和新设备，不断提高施工机械化、预制装配化程度，减轻劳动强度，提高劳动生产率。

第四，要应用科学的方法制定最合理的施工组织作业方案。应根据工程特点和工期要求，因地制宜地采用快速施工，尽可能采用流水作业施工方法，组织连续、均衡且有节奏的施工，保证人力、物力充分发挥作用。对于复杂的工程，应利用网络计划技术找出最佳的施工组织方案。

第五，要合理安排季节性施工项目，确保全年连续施工。应优先考虑季节性影响较大的工程项目，恰当地安排冬、雨季施工内容，尽量避免把土方工程、基础工程、下部工程安排在雨期和汛期施工；应尽量避免把混凝土工程、路面工程安排在冬季施工；应把那些确有必要而又不因冬、雨季施工而使施工技术变复杂和成本提高的工程列入冬、雨季施工，应全面平衡人工、材料的需用量，以提高施工的均衡性。

第六，要合理布置施工现场，尽可能减少临时工程，节约施工用地。要精心规划施工总平面，合理布置施工场地，充分利用已有设施。要做到尽量减少临时性设施费用；尽量利用当地资源，减少物资运输量；尽量避免材料二次搬运，正确选择运输工具，以节约能源，降低运输成本，提高经济效益。

第七，要确保工程质量和施工安全。在编制施工组织设计时，要贯彻施工技术规范、操作规程，提出确保工程质量的技术措施和施工安全措施，尤其是采用国内外先进的施工新技术和较生疏的新工艺时更应注意。

二、公路隧道施工组织设计的程序

编制施工组织设计要遵循一定的程序，即要按照施工的客观规律，协调和处理好各个影响因素的关系，用科学的方法进行编制。一般的编制程序如下：

①了解工程概况，确定编制依据和原则；

②分析审查设计资料，进行调查研究，计算工程量；

③选择施工方案和施工方法；

④编制工程施工进度图；

⑤计算人工、材料、机具需要量，制订供应计划；

⑥设计临时工程，编制供水、供电、供热计划；

⑦编制工地运输组织计划；

⑧布置施工现场平面图；

⑨编制技术措施计划与计算技术经济指标；

⑩编写说明书。

三、公路隧道施工组织设计的准备工作

施工组织设计是隧道施工能安全顺利地完成任务的重要保证。在编制之前，首先应做好准备工作这是编制隧道施工组织设计前必不可少的工作程序。

（一）资料调查和现场核对设计文件

1.资料调查

（1）自然条件调查

地形、地貌调查主要指的是对公路沿线、桥位、隧道、附属加工场及大型土石方地段的调查。这些资料可作为选择施工用地、布置施工平面图、进行场地平整及土方量计算、规划临时设施、了解障碍物及其数量等的依据。

工程地质调查的目的是查明建设地区的工程地质条件和特征，包括地层构造、土质的类别及土层厚度、土的性质、承载力及地震级别等。调查资料可作为选择路基土石方施工方法、基础施工方法及确定特殊路基处理措施、选定自采加工材料等的依据。

水文地质调查包括对地下水文资料和地面水文资料的调查。地下水文资料包括地下水的最高、最低水位，地下水的水质分析及化学成分分析，地下水对基础有无冲刷、侵蚀影响等。调查资料有助于选择基础施工方案、确定降低地下水位措施、复核地下排水设计以及拟定防止侵蚀性介质的措施。地面水文资料包括邻近江河湖泊距施工现场的距离，洪水、平水、枯水期的水位、流量及航道深度，水质分析等。调查资料可为确定临时供水方案、制定水下工程施工方案、复核地面排水设计等提供依据。

气象资料调查包括对降雨资料、气温资料、风力及风向资料的调查。降雨资料包括全年降雨量、雨季期、日最大降雨量、年雷暴日数等。调查资料有助于确定全年施工作业的有效工作天数及桥涵下部构造的施工季节，编制雨季施工措施、工地排水及防洪方案等。气温资料包括年平均、最高、最低气温。调查资料有助于确定夏季防暑降温及冬季施工措施，估计混凝土、水泥砂浆的强度增长情况，选择水泥混凝土工程、路面工程及砌筑工程的施工季节。风力及风向资料包括最大风力、主导风向、风速、风的频率、大于或等于8级风全年天数等。调查资料有助于安排临时设施，确定高空作业及吊装的方案与安全措施。

其他自然条件包括地震、滑坡、泥石流等，必要时也应对它们进行调查，并注意它们对路基和基础的影响，以便采取专门的施工保障措施。

（2）施工条件调查

建设地区的能源及生活物资供应调查。能源一般指水源、电源、燃料资源等。调查内容主要包括：施工及生活用水与当地水源连接的距离、地点，水压、水质及水费等；施工及生活用电的电源位置、路径、容量、电压及电费等；施工及生活用物资、燃料的供应及价格情况等。

建设地区的交通条件调查。交通运输方式一般有铁路、公路、水路、航空等。调查内容包括：工地沿线及邻近地区的公路铁路、航道的位置；车站、港口、码头到工地的距离和卸货与存储能力；主要材料及构件运输通道的情况。有超长、超高、超宽或超重的大型构件需整体运输时，还要调查沿途架空线路隧道、立交等净空高度和宽度等资料。

建筑材料及地方资源情况调查。调查的内容包括：建筑材料的产地、品种、规格、质量、单价、运输方式、运输距离及运费情况；地方资源的开采、运输、利用的可能性及经济合理性。这些资料可作为确定材料的供应计划、加工方式、储存和堆放场地及建造临时设施的依据。

社会劳动力及生活设施调查。调查的内容包括：当地能提供的劳动力来源、人数、技术水平、工资情况；建设地区已有的可供施工期间使用的房屋情况；当地文化教育、消防治安、医疗单位等各种设施在施工中可能充分利用的情况；等等。这些资料是制订劳动力安排计划、建立职工生活基地、确定临时设施的依据。

建筑基地情况调查。调查的内容包括：建设地区附近有无商品混凝土拌和站和预制构件厂；有无建筑机械化基地、机械租赁站及修配厂；有无木材加工厂、采石厂、金属结构及配件加工厂；等等。这些资料可用作确定配件、半成品及成品等货源的加工供应方式和运输计划的依据。

最后，在施工阶段调查时，还应了解当地民风民俗、村规民约等情况，以利组织施工管理和职工教育，从而确保与地方关系和睦协调、确保文明施工。

2.现场核对设计文件

公路隧道施工单位在施工前应全面熟悉设计文件，会同设计单位进行现场核对，做好以下施工准备工作。

①掌握工程的重点和难点，了解隧道方案的选定及设计经过。

②重点复查对隧道施工和环境保护影响较大的地形、地貌、工程地质及水文地质条件是否符合实际，保护措施是否恰当。

③核对隧道平面、纵断面设计，了解隧道与所在区段的总平面、纵断面设

计的关系。

④核对洞门位置、式样、衬砌类型是否与洞口周围环境相适应、相协调。

⑤核对隧道设计文件中确定的施工方法技术措施与施工实际条件是否相符。

⑥核对洞外排水系统和设施的布置是否与地形、地貌、水文、气象等条件相适应。

⑦会同设计单位，现场交接和复查测量控制点、施工测量用的基准点及水准点，并定期进行复核和做好护桩工作。

（二）施工机构的组建和施工技术的准备工作

1.施工机构的组建

确定隧道施工机构的基本原则如下：

①要满足隧道施工生产任务的需要，便于指挥和管理，要有利于发扬职工的积极性、创造性和协作精神及开展技术竞争。

②施工机构应分工明确、权限和责任具体，要力求精简又能出色执行任务，并能密切协作。

③要求做到指挥具体及时，事事有人负责。

④项目管理人员应具有实际生产经验及组织管理才能。

2.施工技术的准备工作

（1）施工技术准备工作的主要内容

①熟悉、审查图纸和有关设计资料，了解设计意图，认真研究总平面布置、各个分项工程及工程结构形式和特点，要熟悉地质、水文等勘察资料、工程作业难易程度及工期要求。

②调查、收集有关资料，包括社会调查、自然条件调查、技术经济条件调查。

③交接控制测量的基本资料，并做好复测和核对及定出隧道洞口的中线和标高基桩。

④根据补充调查和收集的资料，改进隧道施工方法。

⑤编制隧道施工组织设计和施工方案（包括辅助坑道方案、开挖及支护衬砌施工方法、隧道施工组织计划等）及有关施工补充设计。

⑥编制隧道施工预算。

（2）施工测量

施工单位应根据合同设计图纸和有关勘测资料，对交付使用的隧道轴线桩、平面控制三角网基点桩以及高程控制的水准基桩等，进行详细的测量检查和核对，以及进行贯通隧道和相邻路段的标段联测，复测首级平面和高程基准点，并建立隧道独立的平面、高程加密控制点，将首级及加密测量成果报送监理机构复测审批。

施工单位在放线中除公里桩、平曲线基本桩外，应设置必要加桩；在工程实施中，隧道中桩最大间距直线上不得大于10m，曲线上不得大于5m，并明确标出用地界桩、路面和排水沟中心桩、辅助基准点以及其他控制正确放线的水平和垂直标桩。

施工单位在洞口加强段和浅埋段施工前，应按设计图纸及规范要求，布设地表沉降横断面观测点，制订沉降监测计划，开展首次基准测量和阶段沉降观测。

（3）施工方案

施工单位应根据总体施工组织设计，结合施工项目的具体情况、工期要求、施工队伍、机械设备、施工中的现场监控量测等因素，正确选定施工方案，制订施工顺序，编制实施性施工组织设计。编制的施工组织设计，应包括工程概况、工区划分、场地布置、主要材料、机械设备人员配备、施工方案、工艺方法、施工顺序、特殊地段施工对策、进度计划以及安全、质量、环保、技术主要措施等内容。

实施性施工组织设计应报监理工程师及相关部门，按照程序批准后实施。在实施过程中应根据客观条件、生产资源配置变化情况及时调整施工组织设计，并呈送监理工程师批准，实行动态管理。采用钻爆法施工的洞口加强段及洞身，应按照《公路水运工程安全生产监督管理办法》及《爆破作业规程》（GB 6722—2014）的规定，编制洞内爆破开挖专项安全施工方案，细化炮孔布设方式、孔深、装药量、起爆方式，报监理工程师及相关部门批准后实施。

对于长大隧道、地质复杂的隧道（如不良地质隧道、高瓦斯隧道等），施工单位应当组织专家编制、论证、审查专项施工方案，并附安全验算结果，经施工单位项目总工程师、监理机构总监理工程师审查同意签字后实施，由专职安全生产管理人员进行现场监督。

（4）监理机构作业指导书

监理机构编制各分项作业指导书，并在批复各分项工程开工报告时下达，同时报项目建设处备案。其内容应包括适用范围、施工条件、作业程序及工艺要求、施工控制指标、施工难点及重点、安全环保要求、施工工艺流程图等。

（三）施工必备条件及物资准备

1.施工必备条件

在隧道施工现场范围内，必须具备的基本条件有“三通与一平”：路通、水通、电通与平整施工场地；建好临时房屋（包括生产库房和生活用房）及准备必要的地面设施。

（1）施工供水

施工单位在施工期间，应按国家规定的施工和生活饮用水的有关标准，确保施工和生活用水设施的安装和保养，满足施工及生活用水需要。

对于修建高位水池困难的隧道，宜采用变频高压供水装置满足施工用水需要。供水管道前端至开挖面一般不超过20 m。

（2）施工临时供电

对于中、短隧道应采用高压至洞口、再低压进洞的供电方式，而对于长隧道及特长隧道应考虑高、中压进洞，以满足施工需要。

隧道施工供电应采用三相五线供电系统。动力设备应采用三相380 V，照明电压一般作业地段不宜大于36 V，成洞段和不作业地段可采用220V，瓦斯地段不得超过110 V，手提作业灯为12～24 V。选用的导线截面应使低压线路末端电压降不大于10%；36 V及24 V线不得大于5%。高压分线部位应设明显危险警告标志。所有配电箱和开关应全部进行责任人和用途标识。

洞外变电站应设置防雷击和防风装置，且宜设在靠近负荷集中地点和设在电源来线一侧。当变电站电源线需跨越施工地区时，其最低点距人行道和运输线路的最小高度应满足：电压35 kV时7.5 m，电压6～10 kV时6.5 m，电压400 V时6 m。变压器容量应按电气设备总用量确定，当单台电动设备容量超过变压器容量的1/3时，宜适当增加启动附加容量。

洞内变电站宜采用移动式箱式变电站，应设置在干燥的紧急停车带或不使用的横通道内，变压器与周围及上下洞壁的最小距离，不得小于300 mm，同时应按规定设置灯光、轮廓标等安全防护设施。洞内高压变电站之间的距离宜为100 m，由变电站分别向相反两方向供电，每一方供电距离不宜超过500 m。洞内高压变电站应采用井下高压配电装置或相同电压等级的油开关柜，不应使用跌落式熔断器，应有防尘措施。

成洞地段固定的供电线路，应采用绝缘良好的胶皮线架设；施工地段的临时电力线路应采用橡套电缆；瓦斯地段的输电线必须使用密封电缆，不得使用皮线；涌水隧道的电动排水设备应采用双回路输电，并要有可靠的切换装置；动力干线上每一分支线，必须装设开关及保险装置；严禁在动力线路上加挂照明设施。

照明和动力线路安装在同一侧时，必须分层架设。电线悬挂高度应满足：110 V以下电线离地面距离不应小于2 m，400 V时应大于2.5 m，6～10 kV时不应小于3.5 m。供电线路架设一般要求高压在上、低压在下，干线在上、支线在下，动力线在上、照明线在下。

在施工期间，“三管两线”架设、安装应顺直、整齐。

（3）通信和现场监控

隧道施工应随掘进建立完整独立的洞内有线通信系统，自完成洞口加强段及洞身累计长度达到50 m开始，施工单位应延伸布设有线电话及通信线路，由洞内作业面敷设至洞口值班室，保障作业面与外界通信联系，满足生产调度、应急抢险预报和紧急处置的需要。

隧道施工的信息管理应利用互联网平台，建立“项目部管理单位”二级远程实时监控系统。一级系统由建设、监理、质量监督单位的终端，借助互联网平台实现远程监控。该项工作由总监办工程部负责监管。二级系统由“项目部-洞口值班室洞内施工现场”的影像监控及通信组成，施工单位借助互联网向建设、监理、质监单位实时传送主要作业面施工动态画面，实现施工调度、信息发布和工程管理功能。该项工作由驻地隧道监理工程师负责监管。

二级系统应用于隧道施工现场监控，分为洞外和洞内两部分。洞外由洞口云台摄像机、自动栏杆机（考勤机）、洞口值班室控制主机、紧急电话、广播组成；洞内由爆破、仰拱、二衬作业面的监控云台摄像机、广播、紧急电话组成。合同段项目部的设备应由服务器、交换机、硬盘录像机、显示器、光端机、紧急电话、广播、集中控制器、光纤配线架、电脑和打印机组成。

2.施工物资准备

公路隧道施工的物资准备一般包括原材料准备、构件加工设备的准备、建筑安装工程施工机具和设备的准备等。

四、公路隧道施工组织设计的内容

隧道工程设计阶段编制的施工组织设计，称为隧道工程的指导性施工组织设计；隧道工程施工前准备阶段、施工阶段和竣工验收阶段编制的施工组织设计，称为隧道工程的实施性施工组织设计。

（一）隧道工程的指导性施工组织设计

对于地质复杂、施工条件困难和控制总工期的重点工程，应由设计单位在隧道工程设计阶段编制指导性施工组织设计，并编入相应的设计文件。

1.施工组织设计说明书

施工组织设计说明书主要包括如下内容：

①设计依据；

②工程概况；

③当地自然条件；

④施工条件（含材料供应）；

⑤辅助工程；

⑥过渡工程；

⑦施工期限安排及其依据；

⑧施工准备工作；

⑨施工方法及工序安排；

⑩不良地质和特殊地质地段施工的原则；

⑪施工通风、防尘、排水及动力照明的布置和必要措施；

⑫采用新技术、新工艺、新材料和新方法；

⑬劳动力安排意见；

⑭其他有关事项。

2.主要内容

施工组织设计主要包括如下内容：

①施工组织设计说明书；

②主要工程数量表；

③主要机具设备表；

④隧道进出口及斜井、竖井、横洞、平行导坑洞口施工场地布置图；

⑤隧道各口施工通风设计图；

⑥隧道各口施工通风风道及机械安装设计图；

⑦施工排水设计图；

⑧施工动力及照明线路布置图；

⑨隧道防尘及其他必要措施设计图；

⑩指导性施工组织设计图（含劳动力动态图）；

⑪过渡工程设计图；

⑫其他必要的布置图或设计图。

（二）隧道工程的实施性施工组织设计

实施性施工组织设计是指施工单位根据指导性施工组织设计和工地具体情况，对隧道施工中各项分部工程，各工序及施工队或班组的人力、机具等配备情况，分期、分部位、分项目编制更为具体详细的计划安排，实行施工组织动态管理，其目标是要安全、经济、保质、保量、按期或提前圆满地完成施工任务。实施性施工组织设计的主要内容如下：

①工程概况。工程概况是对整个建设项目的说明和分析。一般包括下述内容：

建设项目概况，主要包括：建设地点、工程性质、建设总规模、总工期、分期分批投入使用的项目和期限、占地总面积、总投资额；主要工程量、管线和道路长度、设备安装数量；生活区的工作量；生产流程和工艺特点；构（建）筑物结构类型、特征，新技术、新材料的复杂程度和应用情况以及施工期间的交通疏解方案和运输线路规划；等等。

建设地区的自然、技术经济条件，主要包括：气象、地形、地质和水文情况；地区的施工能力、劳动力和生活设施情况；地方建筑构件、制品生产及材料供应情况；交通运输、水电和其他动力条件。

其他方面，包括主要设备、特殊物资供应，参加施工的各单位生产能力和技术水平情况，建设单位或上级主管部门对施工的要求，有关建设项目的决议和协议，土地征用范围和居民搬迁情况等。

②施工准备工作的安排。提出复测或控制测量的要求及其完成期限；计算洞口工程和临时工程（如临时便道、给水、供电、通信、施工房屋等）的工程数量；合理安排施工顺序和施工期限；合理布置为隧道施工服务的整套附属生产设施，如当地砂石料的开采场地、木工场、机修房、变电站、空压机站、水泵站等；合理安排材料库的建立及部分材料的储运工作；等等。

③工程数量。

④材料数量。

⑤机械（具）配备。

⑥劳力及工班组织。

⑦提供各种施工设计，包括开挖、支护设计，钻爆设计，运输计划设计，施工通风设计，高压风、水、电设计等。

⑧洞口平面布置图。

⑨施工组织进度图。隧道各工序施工进度及劳动力动态应用坐标图形式表示，并附上主要材料、机械表等。

⑩质量及安全措施。特别要对新技术的工艺提出质量要求，对各工序要提出相应的安全措施。

五、编制公路隧道施工组织设计应注意的问题

为了使施工组织设计更好地起到组织和指导施工的作用，在编制施工组织设计时要注意以下几个问题。

编制时，必须对施工有关的技术经济条件进行广泛和充分的调查研究、收集各方面的原始资料，同时还要广泛地征求有关单位和群众的意见。施工单位中标后，必须编制具有实际指导意义的标后施工组织设计。当建设工程实行总包和分包时，应由总包单位负责编制施工组织设计或者分阶段施工组织设计。分包单位在总包单位的总体部署下，负责编制分包工程的施工组织设计。

对结构复杂、施工难度大以及采用新工艺和新技术的工程项目，要进行专业性的研究。在施工组织设计编制过程中，要充分发挥各职能部门的作用，吸收他们参加编制和审定。要充分利用施工企业的技术力量和管理能力，统筹安排、扬长避短，发挥施工企业的优势和水平，合理安排各工序间的施工顺序。

竞标性施工组织设计在编制过程中要能反映业主对工程的要求，满足业主的愿望，这样在评标时才能得到好评。

当施工组织设计的初稿完成后，要组织参加编制的人员及单位进行讨论，经逐项逐条研究修改，最终形成正式文件，送主管部门审批。

第二节　公路隧道施工管理与控制

一、公路隧道施工计划管控

（一）计划编制

公路隧道施工计划管理是根据合同要求，通过计划把隧道施工组织设计的内容具体化，使施工全过程做到综合平衡、衔接配套，以保证施工目标的全面实现。公路隧道施工计划管理是公路隧道施工管理工作的中心环节。公路隧道

施工计划管理的目标是实现合同要求，获得最好的经济效益和社会效益。

1.编制原则

隧道施工计划编制要遵循一定的原则。

①遵循根据地质条件，结合实践经验决定隧道施工进度的原则。

②遵循综合平衡、全面安排的原则。

③贯彻积极可靠、留有余地的原则。

④坚持按施工方案和施工程序合理组织施工，保证重点，照顾一般的原则。

⑤坚持保证施工安全和工程质量的原则。

2.计划内容

隧道施工计划内容包括总工程数量、劳动总工日数、施工总进度和年度安排、工程总造价和年度工程费、主要材料、机械设备申请计划等。

3.编制方法

隧道施工计划是隧道施工组织设计的重要组成部分，而隧道施工进度计划是隧道施工计划的核心，因此，编制隧道施工计划应先做好隧道施工进度计划。

隧道施工计划的编制方法步骤如下：计算工作量和劳动工日及所需机械台班；按施工顺序调整工程项目、工程数量；确定施工顺序、施工方法和作业组织；编制隧道施工进度计划和劳动力平衡计划；编制材料、机械、运输、财务等计划。

（二）计划控制

1.事中控制

隧道施工计划控制的事中控制是指在隧道的施工过程中，实时监督计划控制实施的状况，确保计划控制可以在隧道项目中顺利实施。事中控制是基于作业中心来监控成本资源消耗状况，从而及时对资源消耗的整体流程进行控制。因此，针对事中控制进行的监控范围必须涵盖隧道施工过程的方方面面，即各个作业中心，这样才能使预算真正发挥作用。

事中控制是在项目进行的过程中时时刻刻监控工作进度，不是针对某一个工作岗位或者是某一个部门，而是每个作业中心。此外，由于预算控制在制定之前就存在着企业整体的战略目标，故而为了保证该预算控制与战略目标的一致性，有必要设计出一个整体的流程系统来保证控制的有效性。

首先，事中控制要保证与战略目标的整体一致性，在隧道施工过程中出现实际成本与预算成本偏离较多时要及时进行控制措施，否则如果放任这种情况继续发酵会使成本偏离越来越多，最后无法补救。

其次，事中控制的标准会随着隧道施工进程而有所变化，因为在隧道施工过程中有很多意外的情况发生，比如隧道坍塌等，此时该标准也应有所调整。

最后，计划控制的事中控制效果要显著地优于传统计划控制。

2.事后控制

隧道项目的事后控制是建立在合理的预算管理考评基础上的，此处的事后控制同样以作业为中心，对预算成本实施效果进行分析，控制重点由作业向各中心靠拢。故而作业中心是对作业计划控制数据与实际成本数据偏差进行细致分析的根本，该偏差分析就是事后控制的控制措施。此外，这个偏差分析也可以被制定为一个规范工具，为新标准的确立奠定基础。

二、公路隧道施工技术管控

（一）公路隧道施工技术管理的主要工作

为确保公路工程优质，不仅要有良好的施工计划管理，还要采取相应的技术保证措施。

1.主要任务

科学地组织各项施工技术工作；建立规范的施工技术秩序；充分发挥技术力量和装备的作用；提高机械化施工水平；保证隧道工程质量，提高劳动生产率；降低工程成本，保质保量按期完成隧道施工任务。

2.主要内容

编制隧道阶段性施工组织设计；编制隧道施工技术措施和操作规程；做好图纸会审、技术交底、变更设计、技术培训、质量检查、材料试验、技术革新和总结工作；保管隧道工程资料，建立技术责任制；保证工程质量，改进施工技术和操作方法及施工工艺，这是技术管理的中心内容。

3.基础工作

制定和贯彻隧道施工技术标准和规程；认真执行国家颁发的技术标准和规程；执行施工单位有关施工方法和操作方法及工程质量要求等规定；制定各种技术管理工作制度；开展隧道施工技术科学研究工作；做好隧道施工技术资料积累和管理工作；重视隧道设计与施工总结工作。

（二）公路隧道施工技术责任制及技术管理

1.公路隧道施工技术责任制

建立和健全公路隧道施工技术责任制是保证公路隧道施工技术管理工作正常开展的关键。在隧道工程技术责任制中，应该明确规定各级工程技术人员和施工人员对各项工作所负的职责；应明确分工、层层负责、层层检查和监督到位。

2.公路隧道施工技术管理的工作内容

要对隧道施工图纸进行学习与会审，施工单位的全体技术人员和有关职能部门要积极参加学习，充分了解隧道项目施工的内容和要求，保证在施工过程中准确无误地完成施工，确保工程质量和安全。

隧道施工技术管理工作中还要进行隧道施工技术交底，隧道设计单位必须向施工单位具体说明设计意图、结构特点和规定的施工质量标准。隧道施工单位在对隧道设计文件深入研究和会审后，应进行逐级交底、交方法、交条件和交重点。

公路隧道施工技术档案的管理，也是重要的内容之一。要对隧道施工过程中的技术文件、原始记录、试验检测记录、各种技术总结及其他有关技术资料（包括隧道施工方法施工计划、隐蔽工程原始记录照片或录像、各项工程质量情况、施工中遇到的问题及其解决情况、各种定额完成情况等重要资料），这些技术资料是以后隧道养护、整修和必要时进行加固或改建及营运阶段监控量测与管理的必要依据，应分类整理，作为技术档案加以保存（存档）。

隧道施工技术资料，应分别提交给建设单位和施工单位。提交给建设单位的技术资料应包括隧道工程竣工图纸及工程项目一览表、竣工总结、图纸会审记录、设计变更审批文件、隐蔽工程验收单、材料和构件加工成品的品格证明及试验记录、工程事故的发生和处理记录及隧道工程竣工决算等。施工单位应保留的隧道施工技术档案资料主要包括隧道施工图和竣工图、隧道施工组织设计及施工计划、施工经验总结、施工原始记录、质量事故或安全事故分析及补救措施记录、有关隧道施工管理制度的执行情况及工程照片和录像等。隧道施工技术档案资料要设专人从施工准备阶段开始，直到工程竣工验收全过程进行收集、整理和保管（归档）。

三、公路隧道施工质量管控

（一）质量和工程施工质量控制概述

1.工程质量

工程质量是以品质和安全性为主的验收和考核指标，是项目建设符合相关标准和规范的程度。只有经过合理严格的控制，质量才能达到一定的标准，进而满足合同的要求。

2.质量控制

质量控制具体指的是在施工现场管理的基础上，为满足质量标准的要求而采取的技术性措施和管理性措施的活动。

通过对项目质量形成过程的监督监视，在各个环节管理中，对引起不合格质量的因素进行及时消除，以达到质量管理的要求，达到项目质量有效控制的目标。在产品生产加工过程中，之所以需要对其进行质量控制，旨在确保产品性能或者质量满足各种标准要求。

3.工程项目质量控制

在工程项目质量控制的不同环节和不同阶段，需要根据其具体特征以及相关要求采取针对性的质量控制手段。通常而言，工程施工项目包括三个阶段：第一个阶段是准备阶段；第二个阶段是施工阶段；第三个阶段是竣工验收阶段。

工程项目质量控制包括七个基本环节，具体如下：

①明确需要质量控制的具体对象。

②明确质量控制要进行跟踪监测的质量特性值。

③明确具体的标准和规格，并具体阐述相应的质量特征。

④明确测试手段或者测试方式，选择与之相匹配的监测仪表。

⑤对已确定的质量特性进行实际测试，并完整记录测试结果，对数据进行整理。

⑥对规格要求与实践工作中存在的差异进行分析。

⑦采取相应的纠正措施。

（二）质量管理理论及方法概述

1.全面质量管理

20世纪70年代末，我国建筑行业开始推行全面质量管理（TQC）。

全面质量管理是一个复杂的综合性过程，涉及方方面面的问题，包括建筑产品质量、工程量、工期和成本等。

2.质量管理PDCA循环

全面质量管理的关键在于前置事后检查这一环节，通过增设事前预防而实现对质量风险因素的有效识别，从而消除影响项目质量的因素。PDCA循环是基于计划（Plan）—实施（Do）—检查（Check）—处理（Action）的一种良性循环，它可以对各个容易发生质量风险的阶段或者环节进行重点监测或者监督，在此基础上改善工作质量，实现全面质量管理的目标。

PDCA循环依托完整的循环链条，依次严格按程序执行，以确保目标的完成，并通过程序的不断循环，促进项目质量和品质的不断改善。PDCA循环方法作为全面质量管理的基础和程序，也成为企业管理各种工作的规范。

计划（P）：在计划环节需要明确质量管理的基本目标以及指导原则，同时制定与之相匹配的活动规划。

执行（D）：基于目前设置的信息，优化和完善设计方案，基于质量控制和管理要求来落实相关要求。

检查（C）：通过对上述计划和执行的最终结果，总结分析效果，找出相应的问题。

处理（A）：处理前述步骤检查结果，吸取教训肯定成功的操作，将遗留待解问题提交下一个PDCA循环。以上四个步骤并不是一次就终结，而是不间断循环提升。

3.层次分析法

层次分析法的关键在于将决策内容层层分解，将复杂决策转化成若干层次的指标，然后结合定性指标模糊量化方法，在科学计算的基础上确定单排序以及总排序，以实现决策优化的具体目标。整体而言，层次分析法在质量管理和控制方面发挥了重要作用，该方法需要首先明确具体层次，然后对各个层次的具体因素进行分析，并判断其优劣。

层次分析法由匹兹堡大学教授萨蒂（Satty）提出。该方法在非结构化复杂决策问题解决方面发挥了重要作用，同时该方法有利于提升战略决策的合理性。特别是在复杂系统评价方面，层次分析法有利于梳理存在复杂关系的各方面要素，具有非常普遍的实用性，是一种实用性强、新型简化的研究方法。在实际项目施工工作中，层次分析法与百分权重法、德尔菲法结合使用比较频繁，它们常被用于对各项评价指标权重的确定。根据层次分析法的应用要求，首先明确需要进行分析的影响要素，并对所选择的要素进行层次化处理，基于此而建立多层次分析评价模型，并赋予各个层次相应因素具体的权重，以判断各层级指标的重要性以及优先次序。由此可见，层次分析法包括两个基本核心：一方面是层次的合理划分；另一方面则是分析层次内部相关因素优劣。

在层次分析法应用过程中，需要首先分解目标层因素，构建一级指标，在层次结构图绘制完成的基础上构建相应的判断矩阵；通过模型分析明确权重系数，然后完成各个指标的一致性检验，如果满足一致性的具体要求，则可以进入下一环节。不满足时则需要对各指标进行重新赋值。

4.模糊综合评价法

模糊综合评价法是一种应用广泛的量化分析法，它通过利用模糊数学来梳理不同目标之间的关系，以此综合评价具体目标。该方法的应用过程如下：首先明确评价对象，然后构建因素集；明确因素集中的各个因素相应权重，并赋予其相应的隶属度；构建模糊评价矩阵；基于矩阵以及因素权重完成模糊运算；对其因素进行归一化处理；确定最终的评价结果。

（三）隧道施工质量管理要求

1.确保工程质量

要建立健全质量管理保证体系；提高全员质量意识，按分项分工序实施专项质量意识教育，建立健全质量管理及奖惩的规章制度；公开招投标选择具有公路隧道丰富施工经验的专业施工队伍；成立隧道施工工地中心试验室，加强对施工过程质量的检验和监控量测，严禁不合格材料进入任何工序，确保各项工序一次成优；狠抓工序质量的自检、互检与专业检查，确保隧道整体工程质量优良。

2.确保工期要求

根据公路隧道工程施工的特点，为了保证优质、高效地完成合同施工任务，确保工期的主要措施如下：

①调遣精兵强将，强化施工管理。组建精干的工程项目经理部、成立各种专业队，建立各种管理体系。

②科学组织、精心施工、文明施工。运用统筹法、网络技术、系统工程等新技术编制切实可行的实施性施工组织设计，选择最优施工方案，确保工程按计划完成。

③广泛应用高效先进成套隧道施工机具及采用先进的施工工艺，合理安排

作业层次，投入足够的劳动力和技术骨干，提高工效，加快进度。

④成立协调小组抓好协调，减少施工干扰，使工程施工顺利进行。

⑤抓住时机，适时掀起施工高潮，开展劳动竞赛，振奋拼搏创优精神，加快施工进度。

⑥做好雨季施工和农忙季节的施工安排，减少雨水对施工的影响，做好防汛准备，有备无患。

（四）隧道施工质量检查与验收

施工单位应很好地履行合同规定，接受监理工程师对工程质量的监督、检查和验收，并要在施工单位内部建立自检自查验收制度。

隧道施工单位的自检自查验收制度一般采取专业检查和工班自检相结合的办法。监理工程师按合同规定分期验收已完工程，以便结算工程价款。

整个工程完成后，还应按国家规定进行竣工验收（交工验收）。

（五）隧道施工中的质量控制

和施工质量相关的因素是多方面的，整体而言，主要有五方面要素：施工主体、施工对象、施工方法、施工手段、施工环境。施工主体指的是施工项目的实施人员，即作业者，作业者的技能、素质、专业能力以及组织效能等均会影响项目施工质量。施工对象指的是施工生产活动所指向的特定的待建或在建工程。施工方法具体指的是项目施工过程中所采取的技术以及工艺。施工手段具体指的是项目施工过程中使用到的相关工具、设备、机械以及模具等。施工环境具体指的是施工现场的地质情况、周边环境、气候条件等，即作业环境，作业环境的负面因素多，必然会对项目工程施工质量造成影响。

1.施工人员的质量控制

施工人员的技术功底扎实程度、身心健康与否、文化水平高低都会对施工人员质量产生直观的影响。因此，企业一方面应该通过考察施工人员的质量及时进行干预，通过合理的激励发挥其团队作战能力，挖掘潜能。

同时，还应通过后期培养，加强技能培训和心理建设，在项目施工质量控制过程中，充分发挥施工主体的主观能动性，提升其参与质量控制的积极性，在发挥骨干带头作用的基础上提升项目工程施工质量。

2.材料和设备的质量控制

在工程项目施工质量控制方面，需要有针对性地加强对材料以及设备等因素的质量控制，具体包括：购进的原材料需要满足质量标准要求；设备性能以及技术参数应满足要求；材料以及设备的技术指标需要满足工程项目的具体要求，建立完善的材料以及设备的验收程序，确保材料以及设备在满足标准要求的前提下才能进入施工现场，严禁使用国家禁用的材料及设备等。

3.施工机械的质量控制

施工机械的选用需要专业人员来进行，首要目标即要适用该目标工程，在使用过程中，还需经常检查该机械的工作装填，建立健全操作人员使用机械逐一固定的制度、岗位责任制等涉及该机械正常使用的制度，正确使用、管理和保养好施工机械。

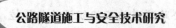

要建立健全机械管理制度，强化制度落实，加大考核力度；要对需要入场的大型机械进行严格把关，对于具有安全隐患、技术功能差的大型机械入场必须严格禁止，坚决杜绝。

4.施工方案的质量控制

针对施工方案的质量控制包括两个基本部分：一是施工组织方案，二是施工技术方案。施工组织方案要求施工管理人员划分施工区域、明确施工流程、工作次序以及组织协调相关工作人员开展相关工作。施工技术方案则包括在工程施工过程中涉及的具体技术以及项目施工所采取的具体方法。在施工过程中，施工方案的质量控制主要体现在安排上，即合理安排施工方案、合理安排施工设施设备。同时，还应根据工程项目具体情况具体分析，对施工方案进行针对性的调整和规划，同时编制相应的应急预案，提升项目施工方对各种情况的应对能力。

5.施工环境的质量控制

施工环境质量控制是施工质量控制的重要一环，在施工项目开展过程中，环境因素发挥了重要作用，一旦环境条件恶化，工程项目施工也必然受到影响。为有效控制施工环境产生的负面作用，有必要编制针对性的防控方案。具体而言，针对现场地质因素，则需要对地质条件进行深入分析，并合理地设计地基方案，充分考虑各方面影响因素，综合具体条件来编制针对性方案；针对施工现场所在地区的自然气候条件等因素，则需要加强和当地气象部门的合作，及时了解天气的变化情况，以便及时采取有效预案，提升对各种不利气象条件的应对能力，通过落实专项施工方案以及具体措施，避免气候因素对施工质量造成负面影响。此外，还应保持对环境因素的实时关注，充分了解各种环境因素的特征，并加大管理力度，确保施工方案的有序落实。

四、公路隧道施工安全管控

公路隧道为地下线性工程建筑，隧道施工属地下作业，存在很多不安全因素，因而隧道施工伤亡事故频率比较高，这些事故给国家和施工企业带来了重大损失，也给职工和家属带来了不幸和痛苦。因此，我们要学习掌握好隧道施工安全的规律，并建立和健全安全管理的规章制度、建立安全保证体系，这样隧道工程的伤亡事故是可以避免或减少到最低程度的。

（一）隧道施工伤亡事故类别

公路隧道施工中导致伤亡事故发生的因素很多，伤亡事故类别主要有坍塌方、冒顶片帮、危石坠落、物质打击、爆破和运输事故、车辆伤害、机械伤害、起重伤害、瓦斯爆炸、火药爆炸、岩爆、中毒和窒息、触电、火灾灼烫、涌水、淹溺等。

（二）隧道施工安全管理要求

1.总体要求

①应在公路修建总体施工规划下，在认真贯彻执行隧道施工组织设计的同时，加强隧道施工技术的安全管理，必须贯彻“安全第一和预防为主”的方针。

②必须执行质量检查制度（隧道工程质量与施工安全是相辅相成的）。

③严格遵守安全操作规程。

④做好施工技术交底工作，应进行技术质量、安全教育，应制定安全制度和安全保证措施。

⑤加强通风、照明、防尘、降温及防水和防止有害气体的工作。

⑥预防坍塌事故，保护施工人员身体健康和安全，从而提高劳动生产率和企业的经济效益。

2.基本要求

隧道施工的基本要求如下：

①隧道工程施工必须根据国家有关安全生产的法律法规、标准规范、施工组织设计等编制分部分项工程安全专项施工方案。

②隧道施工作业前，必须进行超前地质预报，全面了解地质状况，根据围岩等级进行钻爆设计，选择合适的施工方法和施工工艺，合理安排施工工序。

③隧道钻爆作业前，应对通风、排水、用电、通信进行专项设计，动力电线应与照明线路分开布设，照明器材及用电设备应根据隧道类型选用防爆型或非防爆型。

④隧道施工所有进出洞的人员必须本人签字登记，并应建立完善的交接班制度和进出洞翻牌制度。进洞施工人员必须戴安全帽、防护手套、穿工作服。

⑤电工和电钻工穿绝缘鞋和戴绝缘手套。

⑥隧道爆破工和炸药库保管员必须经过公安机关的专业培训并取得作业资格证方可上岗作业。

⑦进洞作业机动车辆应安装尾气净化装置或采取其他净化措施，防止有害气体在洞内积聚对作业人员造成伤害。

⑧隧道软弱围岩施工应遵循“超前探、管超前、短进尺、弱（不）爆破、强支护、勤量测、紧衬砌”的原则，施工企业围绕这一原则开展施工。

⑨应制定详细的隧道施工安全生产事故应急救援预案，建立完善的应急救援体系，配备应急救援人员和必要的应急救援物资，并定期进行救援演练。

（三）隧道施工安全保证措施

隧道施工现场安全管理与保证措施：建立项目经理负责制下的施工安全管理体系，把隧道施工安全管理作为隧道工程建设的首要目标，且一定要遵守中华人民共和国有关部门及各省区、市颁布实行的有关安全劳动保护、防污染的法规和技术标准，必须贯彻执行“安全第一，预防为主”的方针。

建立健全隧道安全生产的管理体系：必须建立安全领导小组，专职检查隧道施工安全工作，由经验丰富的项目经理担任组长，安全领导小组成员一般由工程建设指挥部领导、工程专业技术人员、工程队领导和专职安全人员所组成。

隧道施工安全领导小组主要职责：定期或不定期召开安全管理工作会议，研究项目施工现场安全生产情况，发现不安全的问题要及时分析研究，找出不安全的影响因素并及时解决处理，制定预防措施；逐级签订施工安全承包合同，使各级明确自己的安全目标；制订好各项安全规划、安全制度、具体安全操作规程及技术要求；必须达到施工企业全员参加、全面安全管理的目标；充分体现“安全生产，人人有责”的原则，做到消除一切事故隐患；领导亲临施工现场参加安全检查工作，检查下属单位各项安全工作的落实情况（包括各项安全生产的规章制度和要求），做好安全施工工作。各主要工种均要配备专职安全员，按照隧道施工安全技术管理规则、制度、规范、条例履行职责。

（四）隧道施工安全管理内容

建立健全隧道施工各项安全管理制度、规划和规定、措施及基本要求，包括如下内容：

①做好隧道施工前安全准备工作。

②建立健全隧道施工安全管理制度，认真贯彻施工安全规范。

③制定项目安全制度，提高安全施工意识。

④加强施工技术安全管理。

⑤加强安全教育，制定相应安全措施。

⑥隧道施工机械设备、防触电及电器设备的安全措施。

⑦防高空坠物伤人的安全制度。

⑧施工现场设立安全标志、警示标志。

⑨洞内作业安全管理，洞内和夜间施工照明。

⑩爆破器材安全管理，严格执行安全检查制度。

⑪特殊技术工人技术培训，岗前安全教育，实行交接班制度。

⑫领导干部必须经常深入现场，检查安全工作。

⑬实行安全工作与经济挂钩。

⑭配备足够防水、防火、防毒安全器材；隧道施工应重视防火灾。

⑮加强隧道的围岩量测监控工作。

对隧道施工中的各类事故，均应严格按照“三不放过”的原则处理，即事故原因调查不清楚不放过、事故责任者和施工人员未受到应有的教育不放过、没有制定出今后防范措施不能放过。

（五）隧道施工安全控制措施

隧道施工安全控制措施包含如下几方面：

①正确选用施工方法，做好准备工作。

②遵守法律法规、国家和交通部标准及管理办法。

③建立并遵守岗位责任制。

④加强施工技术管理，合理安排工序进度，正确处理进度与安全的关系，注意关键工序安排，遵守弱爆破、短开挖、强支护、早衬砌、先护顶等小循环的施工原则。

⑤加强通风、照明、防尘、降温和治理有害气体工作，注意环境卫生，保

护员工身心健康。

⑥经常进行安全技术教育，严格安全技术管理，加强安全技术交底工作。

⑦依靠科技进步，科技兴安，提高安全生产技术和安全生产管理水平。

⑧定期检查各种机械、电力设施、安全防护装置与用品。

⑨所有进入隧道工地的人员，必须按规定佩戴安全防护用品，遵章守纪，听从指挥。

⑩必须执行日常和定期安全检查制度，提高安全管理水平。

⑪特殊工种，必须经专业培训，考试合格，持证上岗。

⑫建立完善的交接班制度。

⑬加强对围岩及支护的检查和监测。

隧道工程施工安全控制要点如下：

①开挖、凿孔、爆破及洞内运输中的安全。

②支护、衬砌的安全。

③竖井与斜井施工安全。

④隧道作业中通风、防尘、照明、排水及防火。

⑤隧道通过突水、突泥、岩溶地段、顺层、滑坡地段、煤层、瓦斯、采空区的施工安全措施。

⑥隧道施工安全监测与信息化施工。

五、公路隧道施工经济管控

公路隧道施工经济管理工作，主要包括施工定额和成本管理两大项内容。

施工定额是指在规定的时间内完成合格的单位工程数量所消耗的劳动力、材料和机械台班等的数量标准。定额使用时应注意：在施工中，如果施工条件、地质条件变化较大，原定额已不适用，则应提出对具体定额的修改意见，报编制定额单位批准后执行；严格按照定额手册中的说明要求办理；应注意定额拟定中的施工条件与本隧道工程施工条件是否一致或较接近；计算单位要统一，可换算的项目要注意换算方法；学会善于联系工程实际，灵活使用各种定额。

成本管理是施工企业为降低工程成本进行各项经济管理的总称。其目的主要是以尽量少的劳动力、机械台班和材料消耗，优质高效地完成施工任务，并获得较好的经济效益。成本管理的主要内容包括：隧道工程成本的计划、隧道施工工程成本责任的控制和隧道工程成本核算与分析。

六、公路隧道施工人员、材料和设备管控

（一）施工人员管理

监理要定期根据招标文件要求核查施工单位进场人员、设备、材料情况，并在每月的工地例会上通报施工单位的履约情况。

施工单位应根据工程规模、工期和技术难度配备相应的管理、技术测量、试验、环保、专职质量检查和安全管理人员。

为防止技术和机械事故，减少各种材料的损耗，提高工作效率，确保施工安全和质量，隧道施工前，施工单位应对各种操作人员进行技术交底和安全培训。从国外引进的先进设备应配备专职人员操作和维修，必要时需要厂家派员协助培训、组装和示范操作。

隧道施工的钻爆、运输、支护、模筑衬砌等作业均应安排专业化队伍进行施工，施工前应根据施工进度计划、施工技术水平等制订详细的劳动力计划，及时组织上场，以满足施工需要。

从事隧道施工的各类特殊岗位人员均应持证上岗。施工单位应加强现场作业人员（包括劳务人员）安全、职业健康等教育培训和考核工作。应对管理人员和作业人员进行每年不少于2次，不低于40学时的安全生产教育培训，其教育培训情况记入个人工作档案。新进人员和作业人员进入新的施工现场或者转入新的岗位前，施工单位应对其进行安全生产培训考核。未经安全生产教育培训考核或者培训考核不合格的人员，不得上岗作业。

施工单位应向作业人员提供必需的安全防护用具（如安全帽、安全带、口罩、耳塞等）和安全防护服装，该项费用在工程量清单中按安全生产费用列支。

（二）材料管理

在隧道施工前，施工企业应做好水泥、砂石料、钢筋（材）、外加剂、防水板透水管、锚杆等各项材料的招标订购工作，并根据施工进度计划，制订材料供应计划；特别是做好隧道前期施工支护所需材料的采备工作，如水泥、中（粗）砂、小碎石、速凝剂、钢纤维、钢筋、管棚、超前小导管等材料以及早强锚固药卷（锚杆）、钢拱架等成品、半成品等。

材料采购应严格按材料招投标程序进行，要选择供应能力强、质量合格、价格优惠的供应厂家。

二衬混凝土和喷射混凝土必须使用旋窑水泥。用于隧道主体工程的碎石应

采用反击破设备生产的碎石，并确保在不污染情况下用于施工。

材料进场前应严格进行检查验收和取样送检，试验合格经监理工程师认可后方可进料；杜绝不合格材料进入现场。

（三）设备配置

隧道进洞前，二次衬砌模板台车必须进场，施工单位中标后应立即组织衬砌台车的加工工作，隧道进洞后开始在洞口组拼衬砌台车。隧道施工前期进场的机械设备主要有以下几种：

①土石方施工设备，包括挖掘机、推土机、压路机和自卸汽车等。

②隧道开挖及出渣运输设备，包括凿岩机、台车（架）、装载机、大吨位自卸汽车、小型挖掘机等。

③隧道支护设备，包括湿喷机、管棚钻机、注浆机等。

④混凝土施工设备，包括混凝土搅拌机、配料机、混凝土运输车、混凝土输送泵、捣固设备、衬砌台车（模板、拱架）等。

⑤钢筋（结构）加工设备，包括钢筋调直机、切断机、弯曲机、钢骨架、电焊机等。

⑥风、水、电供应设备，包括内燃空压机、电动空压机、水泵（变频高压供水装置）、变压器、发电机等。

⑦相应阶段配备的检测仪器和设备。

机械设备应本着性能优良、配套合理、工效高的原则配备，要满足污染小、能耗低、效率高的要求，并应根据施工进度计划安排，分阶段、分期组织上场，以满足施工需要。

第六章　公路隧道施工安全技术

在公路隧道施工中采用各种安全技术，可以提高施工速度和效率，保证施工的安全性，可以在更大的范围内开展施工作业，保证隧道的功能达到要求，也可以推动我国交通领域的稳步发展。本章分为洞口工程施工安全技术，新奥法施工安全技术，隧道防排水施工安全技术，二次衬砌施工安全技术，路面及附属工程安全技术，富水破碎围岩施工技术，隧道大变形控制技术七个部分。主要包括洞口工程施工的前提条件、洞口工程施工的安全要点、新奥法概述、新奥法施工安全技术、隧道防水与排水一般要求、隧道防排水安全技术、隧道水害防治、二次衬砌施工条件分析和二次衬砌施工安全技术等内容。

第一节　洞口工程施工安全技术

一、洞口工程施工的前提条件

隧道洞口开挖前，施工单位应对洞口段地形地貌进行复测，认真调查地质情况，并提出隧道“零开挖”进洞专项施工方案，严禁大开大挖，项目业主应组织设计、监理单位专项审查。

隧道洞顶截水沟以内植被禁止砍伐破坏，分离式隧道中间山体和连拱隧道中导洞开挖时两侧山体应尽可能保护。

二、洞口工程施工的安全要点

①在洞口土石方施工过程中，要尽量避开降雨期。有条件的隧道应积极推广前置式洞门施工方法。

②当施工洞口可能出现地层滑坡、崩塌时，应采取相应的预防和稳定措施。滑坡可采取地表锚杆、深基桩、挡墙、土袋或石笼等加固措施；崩崖可采

取喷射混凝土、地表锚杆、锚索、防落石棚、化学药液注浆加固等措施；偏压可采取平衡压重填土、护坡挡墙或对偏压上方地层挖切等措施，以减轻偏压力；开挖中对地层动态应进行监控量测，检查各种处理措施的可靠性。

③偏压洞口施工应做好支挡、反压回填等工作后再进行开挖；洞口仰坡宜采取锚喷网支护形式。

④进洞辅助措施施工要求。及时完成临时“套拱＋超前支护”的棚架体系；超前支护所用的钢筋、钢管等材质，环向间距、纵向搭接长度、方向等布设参数，以及锚固所用的材料均须符合设计及规范要求；对于采用注浆施工的，施工单位应认真分析围岩性质，选择合理的注浆设备和施工工艺。监理单位应认真进行旁站，记录压浆压力和单孔实际注浆量等。

⑤隧道开挖前，二衬台车必须同步到位。

⑥洞口设明洞，对于洞口地质情况相对较好的隧道，可按先进暗洞，由内向外施作洞口明洞模筑衬砌，再进行洞身段开挖、初支、二衬施工。

⑦当洞口围岩条件很差时，要严格控制进洞施工顺序。应在完成套拱和超前大管棚后，立即进行明洞主体模筑衬砌施工，然后再进行暗洞浅埋段施工。

⑧有条件的隧道，应及时进行洞门的施工。隧道洞口场地必须进行混凝土硬化处理，要求使用20 cm厚石渣垫层，采用20 cm厚的C15混凝土做面层。

⑨洞口范围内的涵洞等相关工程应及时安排施工，为隧道提供施工场地。

⑩两车道土质和类土质含水量大、承载力低的围岩必须按单侧壁导坑法或双侧壁导坑法施工。

⑪洞口衬砌施工应按有关规定办理，并应符合以下要求：土质地基应整平夯实，土层松软时，应加碎石，人工夯实，将基础置于稳固的地基上；基础处的渣体杂物、风化软层和积水应清除干净；洞口衬砌拱墙应与洞内相连的拱墙同时施工，连成整体。例如，接长明洞时，应按设计要求采取加强连接措施，确保与已成的拱墙连接良好；端墙施工放样时，应保证位置准确和墙面坡度平整；灌注混凝土时，应保证模板不移动；洞口端墙的砌筑与墙背回填应两侧同时进行，防止对衬砌边墙产生偏压；洞口衬砌完成后，要及时处置洞门上方仰坡脚受破坏处。当边（仰）坡地层松软、破碎时，应采取坡面防护措施；当端墙顶水沟砌筑在填土上时，填土必须夯实；洞口的排水、截水设施应与洞口工程配合施工，并应与路堑排水系统连通。

第二节　新奥法施工安全技术

一、新奥法概述

（一）新奥法简介

“新奥法”是“新奥地利隧道施工法”的简称，其英文为“New Austrian Tunneling Method”，常简写为“NATM”，是由奥地利土木工程师拉布采维茨在20世纪60年代总结隧道建造实践经验的基础上创立的。1934年，他提出了在隧道中应用“喷浆”的技术。1942～1945年，该技术在奥地利阿尔卑斯山一深埋硬岩隧道结构施工中被采用。第二次世界大战以后，混凝土喷射机和速凝剂的出现，使喷浆技术得到了很大的发展。锚杆出现以后，拉布采维茨以喷锚支护的实践和岩体力学理论为基础，提出了新奥法。1963年，该方法在一次国际土力学会议上被正式命名为“NATM”并获得专利。20世纪60年代中期，马勒（Muller）把新奥法用于法兰克福、慕尼黑等城市地铁软岩（土）隧道中，马勒强调，硬岩隧道与软岩（土）隧道用新奥法应有区别。

（二）新奥法基本原理

新奥法由于在隧道工程中的成功应用，当前已被国内外作为隧道结构设计和施工的重要方法。新奥法的理论基础是最大限度地发挥围岩的自承作用。以喷射混凝土、锚杆加固和量测技术为三大支柱的新奥法，有一套尽可能保护隧道围岩原有强度、容许围岩变形，但又不致出现强烈松弛破坏，及时掌握围岩和支护变形动态的隧道开挖与支护原则，使隧道围岩变形与限制变形的结构支护抗力保持动态平衡，使施工方法具有很好的适用性和经济性。新奥法的基本原理如下：

①围岩是隧道结构的主要承载部分。

②开挖后需对围岩进行加固，以使围岩在开挖卸载后不失去原有的强度。

③隧道围岩支护过程中应尽量减少围岩卸载位移的程度。

④隧道围岩支护过程中，一方面允许围岩有一定的位移，从而产生受力环区；另一方面，又必须限制围岩位移的程度以避免围岩变形过大而产生严重的

松弛和卸载。

⑤初次支护的主要作用不是承担隧道围岩所失去的承载力，而是保持围岩的自承状态，防止产生严重的松弛和卸载。

⑥初次支护的建造应是适时的，延时一定时间可以使围岩在开挖后来得及变形并形成承力保护区，以达到较好的支撑效果。

⑦围岩自稳时间，既可通过对围岩地质条件的初步调查，又可通过在建造过程中量测隧道洞周的位移来评定。

⑧喷射混凝土由于具有可填平凸凹面、与围岩密贴等特点，使围岩不发生严重的应力重分布，因而常被用来作为初次支护，必要时还使用锚杆、钢筋网和钢拱架。

⑨喷射混凝土本身具有强度高和可变形的特点，其整体的结构效应通常可视为薄壳。

⑩从静力学的角度看，孔洞的受力状态视为圆管时最好，隧道开挖后需及时建造仰拱，以形成封闭结构。

⑪初次支护只要没有被腐蚀破坏，即可视为整体承重结构的一部分。

⑫孔洞从开挖到封闭所需的时间主要取决于施工方法，围岩的变化很难定量解释，可利用施工前的地质调查资料进行估计，在施工过程中需通过测量来控制和修改。

⑬从静力学角度来看，隧道横截面为圆形时受力条件最为有利，因此，设计的横截面应尽可能接近圆形或椭圆形，严格限制超挖和欠挖。

⑭应特别注意施工过程中工程荷载对隧道受力的影响；为了尽量限制开挖后隧道围岩二次应力重分布程度和松动圈形成的范围，应尽可能减少开挖次数，或至少拱部采用一次开挖方案。

⑮为了提高隧道结构的安全度及达到密封的效果，可建造薄层内衬砌，使结构内不产生过大的弯曲应力，内层与外层相互之间只传递压力。

⑯为了增加衬砌的强度，一般不增加其厚度而增加钢筋含量（钢拱），增大整个结构的刚度可通过增加锚杆的个数或增大锚杆的长度以形成围岩受力环来实现。

⑰对整体结构系统的稳定性和安全度评价及设计结构需要加强的必要性以及设计结构刚度的减小，均可根据建造过程中的应力及变形状态的测量结果来确定。

⑱控制外源水压和静水压力的手段是，通过在外壳（必要时也在内壳）上设置软管及足够的密封排水装置来实现。

（三）新奥法施工基本原则

1.少扰动

在进行隧道开挖时，应尽量减少对围岩的扰动次数、扰动强度、扰动范围和扰动持续时间，因此要求：能用机械开挖的就不用钻爆法开挖；采用钻爆法开挖时，要严格控制爆破；尽量采用大断面开挖；根据围岩级别、开挖方法、支护条件选择合理的循环掘进进尺；自稳性差的围岩，循环掘进进尺应短一些，支护要尽量紧跟开挖面，缩短围岩应力松弛时间。

2.早支护

开挖后应及时施作初期喷锚支护，使围岩的变形进入受控状态。这样做一方面是为了使围岩不致因变形过度而产生坍塌失稳；另一方面是使围岩变形适度发展，以充分发挥围岩的自承能力。必要时可采取超前预支护措施。

3.勤量测

用直观、可靠的量测方法和量测数据，准确评价围岩（或围岩加支护）的稳定状态，判断其动态发展趋势，以便及时调整支护形式、开挖方法，确保施工安全和顺利进行。量测是现代隧道及地下工程理论的重要标志之一，也是掌握围岩动态变化过程的手段和进行工程设计、施工的依据。

4.紧封闭

采用喷射混凝土等防护措施，对围岩施工做封闭式支护，及时阻止围岩变形，避免围岩因长时间裸露而致使其强度和稳定性衰减，使支护和围岩能进入良好的共同工作状态。

二、新奥法施工安全技术

（一）公路隧道新奥法施工安全原则

按新奥法组织隧道和地下工程施工时，应对目测观察予以足够的重视，并根据已有实践经验对观察信息进行分析判断，及时采取相应的对策，确保施工安全。同时要认识到，隧道施工安全，既是安全技术问题也是工程质量问题，故要把工程质量与安全技术同等重视起来。

1.应重视目测观察信息的作用

隧道开挖前的地质调查工作很难提供非常准确的地质资料，所以，在隧道施工过程中，通过目测观察与监控量测相结合的手段来监视围岩和支护的稳定性，指导修改相应的设计参数及指导施工，占有重要的地位。

观察内容包括：围岩的岩质和分布、节理裂隙发育的程度和方向，接触面填充物的性质、状态，涌水量和涌水压力，隧道顶部、侧部的稳定状态等。

对于开挖后已支护地段，目测观察内容包括：锚杆是否被拉断，喷射混凝土层是否产生裂隙、剥离和剪切破坏，钢架有无被压屈现象，隧道是否有底部上鼓现象。

在目测观察中，应特别注意围岩危险较大的破坏状态和可能引起塌方事故的破坏状态。当围岩变形无明显减缓，或喷混凝土层产生较大剪切破坏时，应停止开挖施工，及时采取辅助施工措施加固围岩。

2.隧道施工安全管理与质量同等重要

隧道施工安全问题也是工程质量问题，如隧道施工开挖中喷锚支护质量就直接威胁着施工安全，故要把质量与安全同等重视起来。

加强施工技术管理，合理安排工序进度和关键工序的作业环节，组织均衡生产，及时解决生产中的进度与安全的矛盾，统一指挥，避免忙乱中出现差错。隧道施工，必须遵守有关施工规范、安全技术规范、安全规程、工程质量检验评定标准。参加施工和监理的领导干部、工程技术人员、管理人员、操作工人，都必须认识到工程质量与安全技术同等重要，要做到人人齐抓共管，人人都必须遵守干部的“责任制”与工人的“岗位责任制”，熟悉和严格执行安全生产的管理和操作规定，贯彻“安全第一，质量第一”的思想和“预防为主”的方针。

在具体施工中，要综合分析该工程项目的具体情况和围岩等级，了解断面情况，并采取有效的应对措施，保证隧道工程的安全性和质量符合标准要求。

（二）新奥法施工安全技术

1.洞口段施工

在隧道和地下工程洞口段施工前，必须根据洞口附近的地形、工程地质、水文地质、环境条件等，预估可能发生的各种危险及其对环境的影响等，制定保障洞口段施工安全的技术措施。

由于公路隧道选址时受各种条件的限制，隧道洞口有时不可避免地需设在地形复杂、地质条件不利的地段。为保证洞口段施工安全，应在现场调查和详细掌握洞口附近的地形、工程地质，水文地质、环境条件等，根据洞口段施工时可能出现的各种危险，预先制定出发生险情时可采取的相应安全技术措施。

采用新奥法修建隧道洞口段时，除地质条件较好可直接开挖外，一般要在加设锚杆、钢筋网、护坡和喷射混凝土加固之后再开挖洞口段。当有坍塌可能时，可先安设长锚杆或管棚等预支护，在辅助施工设施防护下开挖，以确保隧道洞口加强段施工安全。

2.锚杆施工

为了防止因锚杆选择不当或地下水的影响而使锚固用的浆液流失，从而导致锚杆因得不到足够的锚固力而脱落造成人身伤亡事故，应指定专人定期检查锚杆的抗拔力。同时注浆人员要加强个人防护，戴皮手套、口罩、眼镜、防护罩等，注浆作业开始前和结束后，应认真检查、清洗机械管路及接头，检查后应经过试运转方可开始正式作业，以防发生剧烈振动、管路堵塞现象。当发生注浆管路或接头堵塞时，需在消除压力之后再进行拆卸和维修。

锚杆施工的安全技术要求如下。

①锚杆安设作业应在初喷混凝土后及时进行。

②锚杆施工的准备工作如下：检查锚杆材料、类型、规格、质量以及性能是否与设计相符。根据锚杆类型、规格及围岩情况选择钻孔机具。采用砂浆锚杆时，应按设计要求截取杆体，并整直、除锈和除油。采用楔缝式锚杆时，应检查杆体长度以及楔缝、楔块、螺母与螺栓的尺寸和配合情况。

③钻孔前应根据设计要求定出孔位，做出标记，孔位允许偏差为 ± 15 mm。

④钻孔应符合下列要求：钻孔应圆而直，钻孔方向宜尽量与岩层主要结构面垂直。水泥砂浆锚杆孔径应大于杆体直径15 mm；其他形式锚杆孔径应符合设计要求。钻孔深度应满足下列要求：水泥砂浆锚杆孔深允许偏差为 ± 50 mm；楔缝式锚杆孔深不应小于杆体有效长度，且不应大于杆体有效长度30 mm；树脂锚杆和早强药包锚杆孔深应与杆体长度配合恰当。

⑤早强水泥砂浆锚杆的施工要求如下：早强水泥砂浆锚杆采用硫铝酸盐早强水泥并掺早强剂；注浆作业开始或中途停止超过30 min时，应测定砂浆坍落度，其值小于10 mm时，不得注入罐内使用。

⑥楔缝锚杆（包括胀壳式锚杆）的施工要求如下：楔缝式锚杆安装前，应将杆体与部件（楔子、胀壳、托板）组装好；锚杆插入钻孔时楔子不得偏斜或脱落，锚头必须楔紧，保证锚固可靠；安设杆体后应立即上好托板，拧紧螺帽。锚杆施加预张拉力时，其拧紧力矩不应小于100 N/m。打紧楔块时不得损坏丝扣。楔缝锚杆一昼夜后应再次紧固，以后还要定期检查，如发现有松弛情况，应再行紧固。楔缝式锚杆只能作为临时支护，如作为永久支护应补注水泥浆或水泥砂浆。

⑦树脂锚杆的施工要求如下：安装前应检查树脂卷质量，变质者不得使用。安装时用杆体将树脂卷送入孔底，用搅拌器搅拌树脂时应缓缓推进杆体，搅拌时间一般为30 s。搅拌完毕后将孔口处杆件临时固定，15 min后可安装托板。

⑧在有水地段，采用普通水泥砂浆锚杆时，如遇孔内流水，应在附近另行钻孔后再安装锚杆，亦可采用速凝早强药包锚杆或锚管锚杆向围岩压浆止水。

⑨锚杆钻孔可采用一般凿岩机械，当在土层中钻孔时，宜采用干式排渣的回旋式钻机。注浆可采用风动牛角泵，也可使用挤压式注浆泵。

⑩锚杆宜采用Ⅱ级钢筋制作。灌浆锚杆宜采用螺纹钢筋，杆体直径以16～22 mm为宜。楔缝锚杆的杆体直径以16～25 mm为宜。

3.喷射混凝土施工

在喷射混凝土作业开始前应仔细检查围岩受喷面，彻底清理危石，同时应有专人仔细检查管路、接头等，防止在喷射时因软管破损、接头断开等引起事故。在进行喷射作业时，必须佩戴防护用具，应根据喷射方式、混凝土配合比等条件，采取合适的防尘措施，控制空气中的粉尘含量，对从事喷射作业的人员应定期进行健康检查。

4.钢拱架施工

①在钢拱架制作和搬运过程中，应将钢拱架构件绑扎牢固，以防止发生整体构件或连接铁件碰撞伤人、车辆倾覆、构件坠落等事故。

②钢拱架的架设应由专人按规定的信号进行指挥，随时观察围岩动态或初喷射混凝土层的变化情况，防止落石或坍塌引起伤人事故。

③在架设钢拱架前，应采用垫板等将钢拱架的基础面垫平。架设时，应采用纵向连接杆件将相邻的钢拱架连接牢固，防止钢拱架倾覆或扭转及变位等质量事故。

④对钢拱架应经常检查，当发现扭曲、压屈等现象或征兆时，必须及时采取加固措施。必要时，应使其他人员迅速撤至安全地带，防止因坍塌造成伤亡事故。

⑤采用新奥法施工时，由于公路隧道多为大断面开挖，尤其是在进行钢拱架的顶部连接作业时，高空作业较多，故作业人员应佩戴安全带。所采用的升降设备（作业人员站立的台车等）应设有扶手或安全栏杆。

紧固钢拱架顶部连接螺栓、楔紧钢拱架属高空作业，作业人员应以正确的姿势站立在平稳、牢固的脚手架上，并应克服麻痹思想，同时必须佩戴安全带，防止发生工人坠落事故。

5.二次衬砌施工

①应根据模板台车内部车辆的限界，加适当的安全富余量，来确定模板台车内部的净空尺寸。大型车辆应在调车人员指挥下通过模板台车。此时，在台车内部作业的人员应暂时离开，不得站在模板台车内部，避免不安全的事故发生。

②模板台车上应有足够的照明设施；新式模板台车为全液压及具有纵向移动功能的设备。

③灌筑二次衬砌混凝土的作业人员应站在稳定的脚手架上，并应佩戴安全带。

④应重视防止异物混入混凝土料斗中，当有异物进入料斗时，必须使拌和机停止运转，然后取出异物，以免损坏机械设备。

⑤当压送混凝土的管路或接头发生堵塞时，首先应消除管道中的压力，然后方可拆卸接头，进行疏通作业。此时在接头前方（依照混凝土压送方向确定）不得站有其他作业人员，以免出现伤人事故。

总之，对隧道施工的各类事故，均应严格按照“三不放过”的原则处理，即“事故原因查不清不放过、责任者和群众未受到教育不放过、没有制定出今后防范措施不放过”。同时，发生质量和安全事故均应及时按规定上报。

隧道施工单位的领导与有关干部及工程技术人员，应经常对施工安全进行监督检查，对严重违犯施工安全规则危及安全的工点，应要求工地立即纠正，必要时停工整顿，直至复查合格后方可复工。

第三节　隧道防排水施工安全技术

一、隧道防水与排水的一般要求

隧道施工防排水设施应与营运防排水工程相结合；应按设计做好防水，并使盲沟、排水管（沟）排水通畅；防排水材料应符合国家、行业标准，满足设计要求，并有出厂合格证明，不得使用有毒、污染环境的材料；隧道防排水不得污染环境，隧道排水不得直接排入饮用水源。

隧道施工防排水应遵循“防排、截、堵相结合，因地制宜，综合治理”的原则进行施工，要保证隧道结构物和运营设备的正常使用和行车安全，并应对地表水、地下水妥善处理，形成一个完整通畅的防排水系统。

隧道施工前应根据工程地质、水文地质资料编制防排水方案。施工中应根据现场施工方法、机具设备等情况，选择不妨碍施工的防排水措施。

当洞内出现的地下水，经化验确认对衬砌结构有侵蚀性时，应按图纸要求针对不同侵蚀类型采取相应的抗侵蚀措施。设计无要求时，应及时上报变更处理。隧道进洞前，应先做好洞顶、洞口、辅助坑道口的地面排水系统，防止地表水的下渗和冲刷。

要加强衬砌背后的防排水设施，强调结构自身防水，对可能的疑点进行封堵及引排。衬砌背后防排水设施施工应根据隧道的渗水部位和开挖情况适当选择排水设施位置，并配合衬砌进行施工；隧道侧沟、横向盲沟等排水设施亦应配合衬砌等进行施工。如图纸无特殊要求，衬砌背后之流水均应排入隧道内侧排水沟。若有压浆，不得将排水设施堵塞。

防水层应在初期支护基本稳定时施工。软岩地段衬砌和开挖距离近时，应做好防水板的保护工作；硬岩地段应组织开挖、铺防水层、二衬平行作业，以加快施工进度。

停车带、洞室与正洞连接处的防排水工程应与正洞同时完成，其搭接处应平顺，不得有破损和褶皱。

加强成品保护工作，开挖和衬砌作业不得损坏防水层，当发现层面有损坏时应及时修补；防水层在下一阶段施工前的连接部分，应采取措施保护。

二、隧道防排水安全技术

（一）结构防排水

防、排水结构原材料应符合国家、行业标准，满足设计要求，并有出场合格证明，不得使用有毒、污染环境的材料。为确保隧道营运期间有良好的防水效果，所有在建高速公路隧道防水卷材不得使用复合片，要求采用“均质片+无纺土工布”的防水层结构形式或者直接采用点粘片。均质片、点粘片的母材厚度必须满足设计要求。对第一次进场的防水卷材，厂家必须提供合格的型式检验证书。采用均质片或点粘片的防水板性能、无纺土工布性能必须符合国家相关标准。

防水板宜选用高分子材料，其耐刺穿性好、柔性好、耐久性好。隧道由于具有基面凹凸不平的特点，对隧道防水卷材的指标要求高于其他工程，各业主在选材时应优先选择物理性能指标高的防水卷材。防水板、土工布、止水带、塑料排水盲沟、PVC排水管等特殊材料应由项目业主统一现场抽检，执行“盲样”送检的制度。送检的检验项目应至少包括：规格尺寸、外观质量、常温拉伸强度、常温扯断伸长率、撕裂强度、低温弯折、不透水性能。

（二）施工防排水

1.开挖临时排水沟

在隧道的掘进过程中，临时排水沟要紧跟掌子面，对渗水量大的隧道，还要求沿隧道两侧和掌子面开挖U型临时排水沟，以尽快疏干掌子面的积水，方便车辆和人员的出入。对于反坡排水的隧道，应在掌子面设置临时集水坑，并每隔200 m设置集水坑，通过抽水机逐级抽排至洞口。

2.地表防、排水

①隧道洞口及辅助坑洞（井）口应及时做好排水系统，完善防排水措施。

②隧道进洞前应做好洞顶、洞口、辅助坑道口的地面排水系统，防止地表水的下渗和冲刷。

③对于覆盖层较薄和渗透性强的地层，地表水应及早处理。

④边坡、仰坡坡顶的截水沟应结合永久排水系统在洞口开挖前修建，其出水口应防止顺坡面漫流，洞顶截水沟应与路基边沟顺接组成排水系统，应防止水流冲刷弃渣危害农田和水利设施。

⑤洞外路堑向隧道内为下坡时，路基边沟应做成反坡，向路堑外排水。

⑥必要时还应在洞口外适当位置设横向截水沟。

⑦应做好防止洞口仰坡范围内地表水下渗和冲刷的防护措施。

3.洞内防、排水

（1）洞内顺坡排水

洞内顺坡排水一般采用临时排水沟。临时排水沟断面应满足隧道中渗漏水和施工废水的需要，并应经常清理排水设施，防止淤塞，确保水路畅通。水沟位置应远离边墙，宜距边墙基脚不小于1.5 m。

在膨胀岩、土质地层、围岩松软地段等特殊或不良地质地段隧道中，排水不宜直接接触围岩，宜根据需要对排水沟进行铺砌或用管槽代替，排水沟中不得有积水。

当采用台阶法施工时，上台阶应在下台阶开挖前架槽（管）将水引排至下台阶排水沟内，横向分幅开挖时应挖横向排水沟将水引至未开挖一侧，严禁漫流浸泡下台阶基坑。

（2）洞内反坡排水

对于反坡排水的隧道，可根据距离、坡度、水量和设备等因素布置排水管道，或一次或分段接力将水排出洞外。接力排水时应在掌子面设置临时集水坑，通过水泵逐级抽排至洞口。抽水机功率应根据排水量大小选用，并应有备用抽水机，还要做好停电时的应急排水准备工作。集水坑容积应按实际排水量确定，其设置的位置不得影响洞内运输和安全。

三、隧道水害防治

隧道发生水害有两个方面的原因，一方面是隧道穿过含水的地层，砂类土和漂卵石类土含水地层，节理、裂隙发育和含裂隙水的岩层，石灰岩、白云岩等可溶性岩的地层，当有充水的溶槽、溶洞或暗河等与隧道相连通时，浅埋隧道地段的地表水可沿覆盖层的裂隙、孔洞渗透到隧道内。另一方面是隧道衬砌防水及排水设施不完善。例如，原建隧道衬砌防水、排水设施不全；混凝土衬砌施工质量差，蜂窝孔隙、裂缝多，自身防水能力差；防水层（内贴式、外贴式或中间夹层）施工质量不良或材质耐久性差，经使用数年后失效；混凝土的工作缝、伸缩缝、沉降缝等未做好防水处理；既有排水设施，如衬砌背后的暗沟、盲沟，无衬砌的辅助坑道、排水孔、暗槽等，年久失修，造成阻塞。

防治隧道水害的措施如下：

①因势利导，给地下水可以排走的通道，将水迅速排到洞外。

②将流向隧道的水源截断，或尽可能使水量减少。

③堵塞衬砌背后的渗流水，集中引导排出。

④合理选择防水材料，严格施工工艺。

第四节　二次衬砌施工安全技术

一、二次衬砌施工条件分析

①二次衬砌通常是在围岩与初期支护变形基本稳定的条件下开展的。

②隧道洞口、浅埋、围岩松散等情况应该尽量早期进行二次衬砌，需要提高衬砌结构质量。

③二次衬砌的作业段初期支护、防水层、环纵向排水需要达到性能标准，

且防水层表面粉尘应全部清理。

④防水板铺设施工需要进行超前二次衬砌作业。

⑤三次衬砌实施前，应对隧道各个部分尺寸进行检查，达到设计标准。

⑥仰拱的填充层与铺底的结构找平层已经结束施工；合理进行地下水引排处理；施工缝应根据设计要求进行必要处理。

⑦三次衬砌施工范围内照明、给排水、电力系统应符合施工需要，通风状态应满足工程安全性标准。

二、二次衬砌施工安全技术

（一）二次衬砌施工一般规定

①二次衬砌施工应符合国家行业标准的有关规定，隧道中线、水平、断面和净空尺寸应符合设计要求。

②二次衬砌及仰拱混凝土应满足设计的强度、防水性、耐久性等要求。应对原材料进行检验，材料的标准、规格应符合《公路混凝土工程施工质量验收补充标准》的有关规定。

③Ⅰ～Ⅵ级围岩的深埋隧道，其二次衬砌应在围岩和初期支护变形基本稳定后施作。Ⅴ、Ⅵ级围岩的浅埋隧道应根据具体情况确定二次衬砌施作时间。深埋地应力复杂的隧道，应允许围岩较大范围的变形和应力的释放，其二次衬砌的施作时间应根据设计和监测结果确定。在特殊条件下（如松散堆积体、偏压、浅埋地段等）应提前施作二次衬砌。

④二次衬砌不得侵入隧道建筑限界，衬砌施工放样时可将设计的轮廓线扩大5 cm。

⑤二次衬砌除特殊断面外，应采用移动式模板台车，拱、墙整体浇筑，边墙基础与拱墙衬砌的水平施工缝应避开剪应力最大的截面处。

⑥混凝土生产应采用自动计量的拌和站、搅拌输送车运输、混凝土泵送入模的机械化流水作业线，以保证二次衬砌混凝土的质量。

⑦仰拱施工应尽量紧跟开挖工作面，为解决仰拱施工和运输作业的干扰，应采用仰拱栈桥进行仰拱和底板施工。

⑧仰拱与填充应分开浇筑，且应全幅灌注。仰拱和底板混凝土强度达到5 MPa后行人方可通行，达到设计强度的100%后车辆方可通行。

⑨隧道衬砌施工后，清理场地，为下一工序创造条件，并对混凝土进行养护作业。分析检测不满足要求的项目产生的原因，并制定整改措施。

⑩当工地昼夜平均气温连续3 d低于5 ℃或最低气温低于–3 ℃时，应采取冬季施工措施；当工地昼夜平均气温高于30 ℃时，应采取夏季施工措施。

⑪对于衬砌完成的地段，应与设计单位密切配合，继续观察和监测隧道的稳定状态，注意衬砌的变形、开裂、侵入净空等现象，并做出长期稳定性评价。

⑫水沟、电缆槽盖板规格、尺寸、强度及外观质量应符合设计要求，连接缝宽应小于5 mm。

（二）仰拱与铺底施工

①仰拱顶上的填充层及铺底应在二衬施工前完成，以利于衬砌台车模筑混凝土施工，铺底与掌子面的距离应不超过50 m。

②仰拱开挖应严格按已审批的开挖方案进行，仰拱钢支撑数量必须满足设计要求，与边墙拱架的牛腿要进行认真焊接。

③仰拱二衬钢筋的绑扎必须要保证双层钢筋的层距和每层钢筋的间距符合要求，层距的定位一般通过焊接钢筋来确定。

④仰拱二衬两侧边墙部位的预埋钢筋的弯曲弧度应与隧道断面设计的弧度相符，伸出长度应满足二衬环向钢筋焊接的要求（搭接长度应不小于1 m），同时钢筋间距应均匀并满足设计要求。

⑤Ⅱ、Ⅲ级围岩地段隧底应全断面一次开挖成型，铺底混凝土应及时进行浇注，以改善洞内交通状况和施工环境。

⑥仰拱、铺底施工时，应按图纸要求预埋路面下横向盲沟、拱脚纵、横向排水管等排水设施。

⑦洞口段仰拱应尽快封闭成环，有条件的仰拱应全幅施工。

⑧仰拱、铺底施工过程中应采取措施保证洞内临时交通畅通，可采用搭过梁、设临时车辆通行平台保证运输不中断。

⑨仰拱下设初期支护时，其喷射混凝土强度、厚度和钢架安装质量等应符合设计及规范要求。同时项目业主应委托有资质的专业检测单位进行检测。

（三）矮边墙施工

①矮边墙顶面标高按台车侧模底部标高确定；施工时按规范预埋连接钢筋或榫石，并对两次混凝土接触面进行凿毛，在围岩变化处设置好沉降缝；二衬混凝土浇筑前用水将其表面湿润，清除杂物。边墙模板采用一次成型的弧形钢模。

②注意按设计布设纵向透水盲管及其与沉砂井的连接管，预留环向软式透水盲管和防水板接头，以及设置预埋件和预留洞室等。

③对于设计有二衬钢筋的段落，预埋的接地扁铁应与钢筋焊接，无二衬钢筋的也应尽量与锚杆头焊接，以确保接地电阻满足设计要求。

（四）二衬砌台车及模板安装

1.台车制作

①二次衬砌施工（含加宽段）应采用全液压自动行走的整体衬砌台车。衬砌台车应结构尺寸准确，各种伸缩构件、液压系统、电气控制系统运行良好，要合理设置各支撑机构并应满足自动行走要求，同时要有闭锁装置，保证定位准确。

②二衬台车必须在隧道进洞前进场，连拱隧道、小净距隧道一端必须要有两部二衬台车，以确保左右线开挖、二衬的合理步距，确保结构安全。对于加宽段处在V级围岩段落的，应专门配备加宽段整体衬砌台车，以确保加宽段二衬及时施作。

③台车整体模板板块由面板、支撑骨架、铰接接头作业窗等组成。当衬砌断面较大、所承受荷载较大时，支撑骨架应制成桁架结构，并尽量减少板块接缝数量。模板及支架应具有足够的强度、刚度、稳定性和抗上浮能力，能安全地承受所浇筑混凝土的重力、侧压力以及在施工中可能产生的各项荷载。台车设计应便于整体移动、准确就位。

④台车模板支撑桁架门下净空应满足隧道衬砌前方施工所需大型设备通行要求；桁架各层平台的高度要满足混凝土施工要求，利于工人进行安管、混凝土捣固等施工作业，必须要有上下行的爬梯。

⑤为保证衬砌净空，模板外径应考虑变形量适当扩大，作为预留沉降量。

⑥双车道二次衬砌台车面板钢板厚应不小于10 mm；三车道隧道二次衬砌台车面板钢板厚应不小于12 mm；四车道的二次衬砌台车必须经过计算，邀请有关专家研究审查后确定。为减少二次衬砌模板间痕迹，外弧模板每块钢板宽度推荐采用2 m，但不应小于1.5 m，板间接缝按齿口搭接或焊接打磨。

⑦应在3 m、5.3 m、拱顶处设置作业窗，作业窗口间距纵向不宜大于3 m，横向不宜大于2.5 m，窗口尺寸为50 cm × 50 cm，且应整齐划一；作业窗周边应加强支护，防止周边变形，窗门应平整、严密、不漏浆。

⑧二次衬砌台车的长度应根据隧道的平面曲线半径、纵坡合理选择，长度一般为9～12 m，对曲线半径小于1200 m的台车长度不应大于9 m。

⑨衬砌台车应工厂制造、现场拼装。现场拼装时应检查其中线、断面和净空尺寸等。衬砌前应对模板表面进行彻底打磨，清除锈斑，涂油防锈。应对模

板板块拼缝进行焊联并将焊缝打磨平整，抑制使用过程中模板翘曲变形而影响混凝土表面质量，避免板块间拼缝处错台。

⑩对于已使用过的二次衬砌台车，应对各种伸缩构件、液压系统、电气控制系统运行状况进行严格的调试，以确保使用状态良好，否则应予更换。必须更换新的外弧模板，并经专业模板厂家整修合格。

2.台车拼装调试及施工过程加固要求

台车拼装后调试对二次衬砌混凝土外观质量十分重要，要求如下。

①二次衬砌台车现场拼装完成后，必须在轨道上往返走行3～5次后，再次紧固螺栓，并对部分连接部位加强焊接以提高其整体性。

②检查台车模板尺寸要求准确，其两端的结构尺寸相对偏差宜不大于3 mm，否则需进行整修。

③衬砌前应对钢模板表面采用抛光机进行彻底打磨，清除锈斑，涂油防锈。

④堵头模板应满足承受混凝土压力的刚度要求，厚度应适当加厚，安装要稳固、严密。

⑤施工过程中出现二次衬砌错台时，应暂停二次衬砌施工，全面查找原因，重点查找台车就位加固措施是否有效、混凝土输送管是否固定、堵头模板或两边模板是否变形等，要及时整修加固，经监理人同意后方可继续二次衬砌施工。

⑥每施作衬砌500～600 m，台车应全面校验一次，校验可在隧道加宽带进行。

3.台车的审批验收

台车的审批验收共分为两阶段，由总监办组织成立专门的审批验收小组，对每座隧道的隧道二次衬砌台车进行审批验收。

第一阶段（二次衬砌台车进场前报批）：承包人进场后应立即着手进行二次衬砌台车进场前的准备工作，进场前两个月内向总监办上报拟进场二次衬砌台车的数量、台车长度、外观几何尺寸、新旧程度、面板厚度及每块板的宽度、每台台车重量等主要台车参数，经总监办批准许可后方可组织进场。

第二阶段（二次衬砌台车验收）：二次衬砌台车进场后，由承包人填写验收表，并报总监办；总监办应在7个工作日内依据批复的二次衬砌台车进场许可对承包人进场的二次衬砌台车进行验收；验收合格后，承包人进行二次衬砌台车的拼装调试；调试成功后，报总监办组织验收；若验收发现问题承包人应及时整改，待整改并验收合格后才能移入洞内进行二次衬砌施工。

（五）二衬钢筋制作安装

①钢筋加工。隧道衬砌中的钢筋材料由厂家生产制作，根据设计方案在加工棚进行加工制作，然后运输到现场开始加工作业。

②仰拱钢筋的施工。仰拱钢筋在模筑混凝土浇筑后开始施工，边墙的位置上进行定位筋的埋设施工，仰拱底部应用定位筋与环向、横向钢筋通过焊接方式组合成为整体，接头部位交错长度在1 m以上。

③拱部衬砌钢筋施工。定位钢筋固定完成之后，在支撑杆中直接标注出钢筋安装施工的位置，用定位钢筋直接确定纵向分布筋安装位置，然后进行钢筋绑扎作业，要确保各个钢筋交错设置。为了保证二衬结构安全性、耐久性合格，厚度要符合设计标准。

（六）二次衬砌安全要点

①为保证衬砌工程质量，隧道一般地段（含洞身、明洞、加宽段）的二衬施工必须采用全断面模板台车和泵送作业。对于加宽围岩条件较差，需及时进行二衬施工的，可采用小模板台车进行二衬施工。

②隧道洞口段二衬必须及时施作。对于掘进超过50 m的，必须停止开挖进行二衬施工。洞身段二衬与掌子面的距离不得超过200 m，二衬作业面与铺底作业面距离不得少于100 m，与矮边墙作业面距离不得少于60 m，以保证二衬施工进度。

③复合式衬砌结构的二次衬砌施工应在监控量测数据指导下，选择适当时机进行施工；二衬施工前应对初期支护断面进行激光量测，对不符合要求的应进行处理。

④施工过程中，输送泵应连续运转，泵送连续灌注宜避免停歇造成“冷缝”，间歇时间超过规范要求时，按施工缝处理。

⑤隧道衬砌起拱线以下的反弧部位是混凝土浇筑作业的难点部位，应对混凝土性能、坍落度及捣固方法进行有效控制，以减少反弧段气泡，有效改善衬砌混凝土表面质量。

⑥止水条、止水带、预埋件安装质量要符合设计及规范要求。

⑦项目业主要委托有资质的专业检测单位对二衬钢筋、保护层厚度、空洞情况进行检测。对检查不合格的项目，施工单位必须进行整改处理。

⑧拆模后，若发现缺陷，不得擅自修补，经监理工程师批准后方可处理。

⑨二衬拆模时间由最后一盘封顶混凝土试件达到的强度来控制，不得过早拆模。

⑩二衬拆模前后均应养护。要求洞口100 m养护期不少于14天，洞身段养护期不少于7天，已贯通的隧道二衬养护期不少于14天。

⑪二衬外观质量要求：达到“六无”（无错台、无漏浆、无冷缝、无气泡、无色差、无渗漏）；结构轮廓线条直顺美观，无跑模、露筋现象；节段接缝处错台应小于10 mm，表面应无渗水印迹；任一延长米的隧道面积中，蜂窝麻面面积应不超过0.5%，深度应不超过10 mm；每节衬砌均应检查一个断面，混凝土厚度应不小于设计值，应用激光断面仪或钢尺检验确定。

⑫预留洞室：预留洞室尺寸要符合设计，棱角要整齐，外观质量好。

⑬拱顶预留接线盒：拱顶预留接线盒的位置要准确，电缆钢管要安放在两层钢筋的中间，其平面线形要与隧道线形相一致。

第五节　路面及附属工程安全技术

一、水沟、电缆沟

①水沟、电缆沟的位置应随边墙基础施工一次挖好，不应在边墙灌注后再爆破开挖。

②水沟可采用预制或现浇，采用预制边沟安装时，应保证边沟接头紧密、不渗漏，与相邻路面接缝平整。

③电缆沟盖板的制作，应平顺、整齐、无翘曲；盖板铺设应平稳，盖板两端与沟壁的缝隙应用砂浆填平，不得晃动或吊空；盖板规格应统一，可以互换。

④如在施作矮边墙时未一次成型电缆沟侧墙，施工电缆沟侧墙前应凿毛，并配置连接钢筋和水平钢筋。

⑤电缆沟靠路面一侧应滞后路面施工，以免影响路面机械摊铺。

二、洞门工程

①砌筑洞门的料石要符合要求，条石和丁石的尺寸要一致，边线要直顺，

棱角要分明，缺边掉角的料石不得使用。

②砌体的大面要平整，缝宽要一致。条石外露面的尺寸为60 cm × 30 cm，丁石外露面的尺寸为30 cm × 30 cm，缝宽为2 cm。

③隧道洞门不允许粘贴板材，尤其是抛光的石板材。

三、路面

①由于水泥混凝土路面的抗折强度要求高，对碎石的强度和洁净度也相应要求较高。因此必须选择符合隧道路面使用质量要求的碎石，使用前应认真清洗。

②隧道水泥路面施工应由专业化队伍进行施工，要选用满足施工要求的配套机械设备施工，形成流水线作业。

③混凝土路面正式施工前，应铺筑混凝土试验段以确定施工工艺参数，水泥混凝土路面侧模必须采用新的槽钢进行施工。

④采用无纺布覆盖洒水养生；采用专用的切缝机切缝，用专用的刻纹机刻纹，并保证刻纹的深度和宽度；隧道进出口应按要求设置胀缝。

⑤路面找平后的最后一道工序不得用铁抹子抹光，要用木抹子抹平，以保证路面表面既平整又有一定的粗糙度。

第六节　富水破碎围岩施工技术

一、富水破碎围岩的工程特性

富水软弱围岩是指在各类土质、软岩、风化极为严重的各种岩层，极软弱破碎的断层带以及堆积、坡积层中，岩体强度很低、自稳能力极差的围岩。在这种围岩中修建隧道难度极大，俗称“烂洞子”。

大量涌水是隧道施工中比较常见的不良地质现象。在雨量充沛和地下水丰富的地区，当隧道穿过断层破碎带、裂隙贯通密集带、不同围岩接触带或岩溶发育地段时，施工期间会发生地下水和承压水大量涌出现象。

富水围岩和大量涌水地段往往不是单独出现的，不少情况是同时存在的。当断层带内围岩软弱破碎，甚至成为断层泥时，在富水情况下极易成为“烂洞子”；而在雨量充沛或地下水丰富地区，地下水积存在破碎带内，与隔水层相接触部分还会形成承压水，施工时会发生大量涌水。二者之间既有联系，又各有特点，其施工措施也是既有共性，又各有侧重。

二、富水破碎围岩施工安全技术

（一）富水破碎围岩施工安全风险

富水破碎围岩在施工过程中极易发生严重的坍塌事故。在富水破碎围岩隧道施工中，为减少对围岩的扰动，常用办法是先对隧道进行支护而后开挖，然后密闭支撑，边挖边封闭。在富水破碎围岩隧道施工中，除了具有一般隧道所具有的风险外，还主要存在以下风险。

①隧道施工前，若未进行必要的注浆加固、降低水位等技术措施，可能造成隧道坍塌冒顶事故。

②施工过程中发现异常时，若未立即停工处理，可能造成严重的隧道坍塌事故。

③若监控体系失效、支护参数调整不及时，可能造成坍塌冒顶事故。

④衬砌背后的排水盲管（沟）未做顺畅导流，地下水可能在衬砌背后积聚对其形成压力，从而造成坍塌事故，也可能损坏衬砌。

⑤若隧道内排水设施不完善，洞内积水不能及时排出，在隧道内积聚易造成洞内道路泥泞，甚至浸泡损坏施工设备。

⑥积水可能对供电线路造成影响，易漏电导致施工人员触电。

⑦向岩体插入钎，管等构件对隧道进行超前支护时，若正对构件，钎、管突然折断或崩出的岩石可能对施工人员造成打击伤害。

⑧隧道内焊接设备若安放不当，可能会因淋水短路而损坏设备，甚至造成施工人员的触电伤害。

因此，在隧道施工前，要严防不注浆加固等不安全行为；在施工过程中发现异常时，要杜绝不立即停工处理的不安全行为，严防监控体系失效的不安全状态，杜绝对衬砌背后的排水盲管（沟）不做顺畅导流的不安全行为；在超前支护时，要杜绝正对构件的不安全行为。

（二）富水破碎围岩施工安全风险控制技术

富水破碎围岩施工安全风险控制技术措施如下：

①隧道施工前，必须根据地质条件、埋深及地下水情况，选用地表注

浆、超前帷幕注浆、降低地下水位等技术措施进行处理，评估达到要求后方可开挖。

②在隧道掘进过程中，如果遇到承压水地段，可以在衬砌背后修建排水管道，管道应顺畅地连接排水沟，防止地下水在衬砌背后聚集对衬砌形成压力导致衬砌坍塌引发事故；若不容许衬砌排水，可以修建抗水压衬砌，保证衬砌不致坍塌、漏水。

③在隧道施工过程中，一旦发现浑水、携带泥沙、顶钻、高压喷水、水量突然增大等异常情况，应立即停止施工，进行紧急排水处理并寻找原因，及时采取措施控制出水量。

④为保证隧道开挖过程中工作面的稳定不坍塌，可进行超前支护。超前支护的类型主要有以下四种。

悬吊式超前锚杆——在爆破前，将超前锚杆或小钢管打入掘进前方稳定岩层内，末端支撑在拱部围岩内专为超前锚杆提供支点的径向悬吊锚杆上，或支撑在作为支护的结构锚杆上，使其约束、支护掘进进尺范围内顶拱部上方，从而使围岩在爆破后不发生松弛坍塌。在进行悬吊式超前支护时，应当对悬吊锚杆和结构锚杆进行质量检测，确保支护结构强度达到设计要求，避免施工过程中坍塌掉落；应当对焊接的锚杆和钢管进行焊接检测，避免支护过程中开裂折断，导致坍塌事故。

格栅拱支撑超前锚杆——将超前锚杆或小钢管的末端支撑在格栅拱支撑上，保证围岩的稳定性。在采用格栅拱支撑超前支护时，要确保架设质量和拱脚处的地基有足够的承载力，避免格栅拱倒塌。

超前管棚法——使用外径为40 mm、80 mm、108 mm或其他直径的无缝或普通焊接钢管插入围岩，一般在软弱的地层可直接顶入或借助机械如凿岩机、液压钻将管顶入末端开挖的地层中。

超前小导管预注浆法——将钢管前端做成尖楔状，在管前部2.5～4 m范围内按梅花形布置，钻好直径为6 mm的注浆孔，以便钢管进入岩层后对岩层进行预注浆。

⑤隧道施工时应按设计及时施作初期支护，加强初期支护的强度，尽早闭合成环。

⑥应建立有效的监控体系，及时埋设监控量测点，并取得基准值，按要求开展监控量测；应及时根据量测结果，评价支护的可靠性和围岩的稳定性，调整支护参数，确保施工安全。

⑦衬砌背后的排水盲管（沟）必须顺畅地连接到隧道排水沟，防止地下水

在衬砌背后积聚对其形成压力。

⑧当洞内涌水对周边环境影响较大时，宜采用注浆堵水措施。当隧道埋深在20 m以内时，可采用地表注浆；当隧道埋深超过20 m时，宜采用开挖工作面预注浆。

第七节　隧道围岩大变形控制技术

一、隧道围岩大变形特征概述

隧道围岩大变形常被认为与地应力、围岩强度、地下水发育程度和埋深等密切相关。对于围岩大变形隧道的施工控制，目前主要遵循了主动加固围岩、强化支护、合理释放和减少扰动等理念，并逐步形成了长（黏结型）锚杆、勤注浆、厚喷层、强钢拱架、多层支护与短台阶等相结合的系统性施工支护措施。

隧道围岩大变形主要是发生在低级变质岩、断层破碎带及煤系地层等一些低强度围岩中，一般具有变形量大、径向变形显著及危害巨大等特点。发生该类变形的围岩一般被称为软岩、挤出性围岩或膨胀岩。大变形是高地应力条件下围岩的极端变形破坏方式，是一种塑性破坏与塑性流动。

现如今，虽然国内外许多学者已对高地应力和软弱围岩做了大量的研究工作，但由于每项工程其地应力特点不同，岩石特点存在差异导致其存在个异性，因此这些研究工作的成果并不能完善地运用于每个高地应力软岩大变形。

二、隧道围岩大变形控制技术

隧道围岩大变形控制首先是对围岩进行加固和超前支护，其次是针对围岩特性选择适宜的开挖工艺，减少隧道掘进过程中对围岩的损伤和扰动；然后通过隧道地震波法超前地质预报开挖面地质和相邻段地质特性，确定围岩加固和支护形式。

（一）超前地质预报

对于地质条件复杂的山区建设隧道，隧道周围及工作面前方的工程地质和水文地质情况与隧道施工的质量和安全关系重大。不良地质条件极容易引起隧道塌方、突泥涌水，不仅在技术上给隧道施工带来极大的困难，也常常因突发事故导致人身伤亡、设备损失、工期延误，从而造成巨大的经济损失。由于隧道工程设计的基本依据是地质勘察资料，而隧道施工的依据主要是设计文件，大量的隧道工程建设实践表明，由于地质勘察精度、经费等诸多条件的限制，根据地质勘察资料做出的设计与实际不符的情况屡有发生。

因此，必须熟悉各种隧道施工的工程地质预测预报技术，了解各自的特点，才能真正在施工过程中做好“预控”。在隧道施工期间，配备相应的工程地质预测预报仪器设备，采用各种技术、手段和方法对隧道掌子面前方地质条件进行及时准确的预测，可以提前采取预防措施，避免灾害的发生或在一定程度上减少因灾害造成的损失，保证隧道施工的安全。

过去国内常常采用超前导坑等办法超前探明前方的地质情况，但这种方法往往费用较高。经过多年的发展，目前超前地质预报技术已有很大发展，精度也有很大提高。目前长距离超前地质预报方法有深孔钻探法、地面地质调查法、断层参数预测法、瞬变电磁法等。短距离超前地质预报方法有掘进工作面地质素描法、地质雷达法、红外线超前探水法、短距离钻探法等。

各种预测法均有其最佳适用范围及优缺点，在实施时要根据隧道地质情况及施工状况选用。由于隧道地质情况的复杂性，加上人们对地球认识的局限性，给隧道地质超前预报带来了很多困难，因此施工中必须针对不同情况，采用综合的地质预报手段，物探和钻探相结合，由长至短，逐步细化，并参照设计单位提供的地质资料，经综合分析得出相应的可靠性结论，从而有效地指导施工。

地质预报技术关键是研究区域地质、工程地质资料，必要时进行地表补充测绘和勘探，对整个地区地质情况做比较全面和深刻的认识，分析主要工程地质问题、主要地质灾害隐患及其分布范围，制订预报方案。对不同地段地质应分级预报，对不同类型和级别的地段应采取不同的预报手段。在隧道施工前，应制订好不良地质地段应急预案，在浅孔钻探发现地质突变或含水时，应立即采取处理措施。

（二）提高隧道的自稳性

在开展施工作业时，应将诱发隧道围岩变形的因素控制在最小范围内，以使隧道变形程度得到有效控制。具体操作方法可以采用超前大管棚、超前帷幕注浆、超前小导管等预先安装，主动加固处理软弱破碎富水段隧道。使用环形预留核心土台阶工法处理自稳性差、易破碎隧道，采取的主要方法为封闭成环和短进尺。为尽量降低开挖施工对隧道的扰动，开挖方案选取扰动最小的铣挖法施工。

（三）加强隧道主动支护

及时强（被动）支护理念，在一定程度上忽视了围岩体的自承载能力，单一将其作为荷载来源，导致“无止境地”增加支护力。基于此，对挤压大变形的治理需回归到围岩-支护为主的支护体系，即采用的支护系统应能及时主动提升围岩（峰后）自承能力，能更好地维持围岩完整性。主动支护涵盖两层含义：一是强调及时支护，快速施载；二是突出主动支护对围岩力学性能的改善与提高。

（四）提高围岩自支护能力

软弱围岩变形控制的关键是提高围岩自支护能力，控制围岩的软化、液化流失、松弛变形，其原则是保护围岩、加固围岩、提高围岩自支护能力。

隧道开挖应避免使用爆破开挖工艺，采用人工辅助机械开挖。

围岩加固施工方法是通过全断面深孔注浆、超前管棚注浆、超前小导管注浆、环向中空锚杆注浆等注浆加固方法主动控制软岩塑性变形的。

围岩经过加固处理后，仍然存在整体变形，主要是因为初期支护的刚度不足，被挤压变形；初支整体沉降是因为初支体系的锚固受力杆件锚固在围岩松动圈内，未与力学性能好的围岩有效结合受力，针对以上原因可以采取以下辅助技术措施。

①加强支护刚度。加强初期支护的刚度是当前隧道围岩变形的最主要的控制措施，它可以有效地控制围岩变形，主要包括调大支护钢架型号、减小钢架间距、加厚初期支护厚度等措施。

②加强锁脚锚固措施。增加锁脚小导管长度，让初支锚固系统穿过围岩松动圈有效锚固在力学性能较好的围岩内，增加锁脚小导管数量，加强锁脚导管的刚度，加强注浆和薄弱节点的质量控制。

（五）使用径向注浆加固隧道

支护完成一次循环后，应进行径向注浆加固工作，使岩石空隙被浆液全部填筑严实。径向注浆加固隧道可以使浆液与隧道连接在一起，改善岩体的受力结构，使隧道更稳定，塑性变形区域的厚度比径向加固的拱圈半径大。

（六）做好监控量测工作

在隧道工程施工过程中，监控量测起到的作用越来越大。监控量测信息能够及时反映隧道围岩变形及支护结构受力状态，以便施工人员及时调整施工或支护方案，实现动态施工，保证施工安全。根据监控量测的位移值，建立围岩变形控制准则来指导施工具有很大的实用价值。

参考文献

［1］王斌.公路隧道施工监测检测技术及实践［M］.北京：北京交通大学出版社，2010.

［2］孙佃海.高速公路黄土隧道施工过程变形控制与实践［M］.北京：北京交通大学出版社，2012.

［3］王迎超.公路隧道软弱围岩塌方机理及预测方法［M］.徐州：中国矿业大学出版社，2015.

［4］杨永敏，吴树东，周士杰.公路隧道工程施工安全技术与风险控制［M］.北京：中国铁道出版社，2016.

［5］李永兵，李兵磊.公路隧道脆性岩体岩爆机理与模拟方法研究［M］.徐州：中国矿业大学出版社，2018.

［6］刘学增，桑运龙，师刚，等.公路隧道衬砌开裂损伤机理与加固补强方法［M］.上海：同济大学出版社，2018.

［7］薛亚东，黄宏伟，王永义，等.高速公路隧道工程安全风险评估理论与实践［M］.北京：人民交通出版社，2018.

［8］韩常领，夏才初，纳启财.多年冻土公路隧道设计与施工［M］.上海：上海科学技术出版社，2019.

［9］毛磊，李俊均，李小青.公路隧道钻爆法开挖支护机械化施工与管理技术［M］.武汉：华中科技大学出版社，2019.

［10］林志.公路隧道运营安全风险评估与防控［M］.北京：人民交通出版社，2019.

［11］王树兴，于香玉，崔建，等.高速公路隧道智能监控管理技术［M］.重庆：重庆大学出版社，2019.

［12］申大为.高速公路隧道的施工监测技术［J］.交通世界，2020（33）：72-73.

［13］黄东华.隧道施工废水处理及回用技术［J］.国防交通工程与技术，2020（6）：74-77.

［14］王超.复杂地质环境下高速公路隧道施工技术分析［J］.黑龙江交通科技，2020（11）：122.

［15］刘尚各，彭文波，刘继国，等.公路隧道施工风险评估方法及其应用研究［J］.现代隧道技术，2020（增刊1）：241-246.

［16］李国华，隋哲.公路隧道开挖及支护期间的施工质量控制［J］.建筑技术开发，2020（21）：122-123.

［17］李胜义.公路隧道穿越地质活断层掘进施工技术［J］.铁道建筑技术，2020（9）：132-137.

［18］朱长胜.公路隧道施工全过程风险动态分析与反馈设计［J］.工程技术研究，2020（17）：170-171.

［19］林辉.全风化断层破碎带公路隧道施工技术分析［J］.工程建设与设计，2020（16）：151-152.